Das

Alte Nürnberger Kriminal-Verfahren

bis zur

Einführung der Carolina.

(Nach Ratsurkunden erläutert.)

Inaugural-Dissertation.

Von

Hermann Knapp,

Reichsarchivpraktikant in München.

Berlin 1891.

Druck von Leonhard Simion.

Sonderabdruck der Zeitschrift f. d. ges. Strafrechtswissenschaft. Bd. XII.

Vorwort.

Ob für den Jünger des Rechts, wie für den Kulturhistoriker ein Einblick in das alte Nürnberger Kriminalverfahren ein lohnender zu nennen, sei hier nicht weiter erörtert; genug, wenn bereits des öftern — zuerst durch Zöpfl (1839), zuletzt durch Brunnenmeister (1879) — die Aufforderung zu einer Erschließung der heimischen Rechtsquellen an Nürnbergs Juristen erging. Warum sich trotz der Gemeinpflicht aller für rechtshistorische Bestrebungen die Mahnung auf Nürnbergs Juristen beschränkte, fußt wohl darin, daß man bei dem Unternehmer dieser voraussichtlich wenig erfolgreichen Aufgabe einen ziemlich hohen Grad von Lokalpatriotismus voraussetzen zu müssen glaubte.

Einer umfassenden Gerichtsordnung analog der Bambergensis entbehrte ich allerdings völlig: Schlußsteine nur lagen die Halsgerichtsordnungen vor mir, Bruchstücke allein gab mir des Rates Praxis. Und doch boten sich diese in solcher Fülle dar, daß sich nach Sichtung des reichen, spröden Stoffes, nach Überbrückung bedenklicher Lücken ein ziemlich einheitlicher Bau zusammenfügen ließ: freilich findet sich kein Ratsherr mehr, der mit prüfendem Maßstab vor ihn zu treten, manche Verschiebung zu rügen, zu bessern vermöchte. Hat sich doch mit dem Erwachen der inquisitorischen Ära das schlichte deutsche Verfahren gar abenteuerlich umgestaltet: gleichwie düstere Strebepfeiler überrankt, überladen von des Rundbogens zierlichen Formen, verrät sich nur dem Kenner noch der nordische Zug in dem romanischen Gepräge.

Allein die Ratsurkunden, und besonders dann, wenn ihr Inhalt nicht für die Öffentlichkeit bestimmt war, vermögen uns ein historisch-treues Bild der damaligen Rechtsanschauung zu gewähren; in unheimlich kategorischer Kürze durchkreuzen die Grundzüge des Torturverfahrens den bunten Wirrwarr der Ratsbeschlüsse. Aber auch Chroniken, die, wie Müllners Annalen und Hegels Städtechroniken im Auftrage des Rates verfaßt oder durch Ratsurkunden auf ihre Treue geprüft sind, verdienten Würdigung, während Werke andrer Art nur für einzelne Punkte — um ein abgerundetes Ganzes zu erzielen — in Betracht gezogen wurden.

Eine eingehendere Kritik des Nürnberger Verfahrens in Beziehung auf verwandte Rechte vermied ich, um eine möglichst klare Übersicht über jenes zu erreichen, ebenso eine Prüfung, inwiefern der Nürnberger Praxis Einfluß auf die Gestaltung der Bambergensis zuzugestehen: Wenig Satzungen ausgeschieden, ist und bleibt die Bambergensis ein Spiegelbild der damals in Süddeutschland herrschenden Rechtsausübung, wie sie sich durch die allmähliche Redaktion der auf Italiens Hochschulen gebildeten deutschen Rechtsgelehrten umgestaltet hatte. Ob Schwarzenberg in seiner Bambergensis mehr oder weniger die zu Ende des XV. Jahrhunderts in Bamberg bestehende Praxis kodifiziert, wäre nur zu entscheiden, wenn die den Nürnberger Ratsurkunden analogen Urkunden Bambergs aus der Zeit vor Entstehung der Bambergensis erschlossen vor uns lägen.

Eine Einwirkung der Nürnberger Praxis aber, ob sie auch viel des Analogen bildet, scheint fast völlig ausgeschlossen. Es wurde von einigen Autoren geradezu als Schande bezeichnet, daß eine Stadt von solcher Bedeutung kein kriminelles Rechtsbuch besessen. Und doch unterblieb dessen Verabfassung nur aus weiser Politik: Man glaubte in der sorgfältigen Beratung des einzelnen Falles durch Rat und Konsulenten der Gerechtigkeit mehr Gewähr zu leisten; ebensosehr war man darauf bedacht, die Maximen des inquisitorischen Verfahrens vor dem Volke geheim zu halten. Nur was für die Öffentlichkeit bestimmt und ihr nicht vorzuenthalten war, wie die Polizeiordnungen, die Ordnung des accusatorischen Verfahrens und später des Rechtstages, wurde teils publiziert, teils in bindender Form verabfaßt. Hätte nun eine umfassende Gerichtsordnung existiert, so wäre es Schwarzenberg vielleicht ermöglicht worden, durch ein einflußreiches Ratsglied Einblick in sie zu erlangen, ihr Satzungen zu entnehmen, wie er der gedruckten Zivilreformation von 1479 den „Anevang" entnahm. Hätte aber sicher jenes nicht dem sonstigen Charakter des auf Wahrung seiner Rechte peinlichst bedachten Rates entsprochen, so ist es noch weniger glaublich, daß der Rat einem Fremden die Protokolle über seine geheimen Sitzungsbeschlüsse zur Durchsicht überlassen oder je gestattet hätte, daß ein Ratsglied oder Konsulent, wie Pirkheimer, nach Bamberg über Nürnbergs Kriminaljustiz berichtet. In den Ratsprotokollen und offiziellen Briefbüchern findet sich keine Andeutung hiervon; die wenigen an „Herrn Hannsen von Schwartzenberg, Hofmeister, Gnediger, lieber Herr" gerichteten Schreiben basieren nur auf Politik. Auch die zwei deutschen Briefe Schwarzenbergs an Pirkheimer „meinem guten freunde" (Stadtbibl.) verraten keinerlei juristischen Verkehr zwischen beiden. Die Konsequenzen also, die lediglich der Ansicht Malblanks und Roßhirts, daß Nürnberg Schwarzenbergs Lieblingsstadt gewesen, entsprangen, entbehren jeder urkundlichen Basis; abgesehen von seinem Briefwechsel mit hervorragenden Nürnbergern und zeitweisen Aufenthalt in der Stadt, scheint selbst die Thatsache, daß er in unserem Johanniskirchlein eine — nun unbeachtete und vergessene — Ruhestätte gefunden, mehr Laune des Zufalls, als Folge seines letzten Wunsches gewesen zu sein. —

Überschritt ich, was den Zeitraum anbetrifft, bisweilen das mir gesteckte Ziel, so ist die Jahreszahl beigefügt. Ebenso schien es mir des innigen Konnexes wegen zweckdienlich, die Stadtverfassung und das Sicherheitswesen in kurzen Umrissen darzustellen. Die Noten sollen teils beweisen, teils ergänzen; da die Anführung aller Beispiele die ohnehin nicht geringe Zahl der Noten allzusehr vergrößert hätte, setzte ich bei Konkurrenz gleichartiger meist nur eine als Vertreterin mehrerer ein.

Als Beilagen erwähne ich ferner die drei Halsgerichtsordnungen. Von ihnen ist die erste — vermutlich aus dem Ende des XIII. Jahrhunderts stammend — noch völlig unbekannt, die zweite und dritte vor langer Zeit ediert, jene jedoch nach andrer Aufzeichnung.

Schließlich erachte ich es als angenehme Pflicht, denen, die mich mit Rat und That gefördert, insbesondere den Herren: Geheimrat Prof. Dr. Ritter v. Planck, k. Reichsarchivdirektor Geh. Hofrat Prof. Dr. v. Rockinger, k. Reichsarchivrat Dr. Heinrich, Bürgermeister Freiherr v. Stromer, Stadtarchivar Mummenhoff und vor Allem Herrn k. Kreisarchivar Sebert meinen verbindlichsten Dank auszusprechen.

Quellen (M.S.).

Cit.	
A.B. I.	Achtbuch 1285–1335 (Nr. 30½). R.A.
A.B. 316.	Achtbuch 1381—1402 (Cod. 316). K.A.
A.B. 317.	Achtbuch 1403—1420 (Cod. 317). K.A.
Ann.	Müllner, Annalen d. St. Nürnb. St.A.
Brb.	N. Briefbücher I—XLVIII. K.A.
Cod. 314.	Gesetze und Ordnungen. K.A.
Cod. 318.	Gesetze und Ordnungen. K.A.
Etl. Act.	Etliche Actus aus alten Acht und Strafbüchern M.S. 581. K.A.
H.G.B.	Halsgerichtsbuch 1487—1558 (Nr. 413). K.A.
H.G.O.	Halsgerichtsordnungen I, II, III. K.A.
J.R.	Jahresregister I. Bd. 1381. K.A.
Kiefhab.	Kiefhabers Nachlaß. H. u. St.B.
K. Ludw. Selekt.	N. Leumundsprivileg (K.L.S. 190). R.A.
Muffel-Akt.	Akt über Nik. Muffel (S1. L6. Nr. 1). K.A.
Rtb.	N. Ratsbücher Nr. 0—XLIII. K.A., St.A. (letzt. Kopieen).
Rtschlb.	N. Ratschlagbücher 1478 rc. K.A.
Rp.	N. Ratsprotokolle 1449—1532. K.A.
Rothenb. A.B	Rothenburger Achtbücher. (S. 10, $\frac{8}{1}$) R.A.
St.R.	N. Stadtrechnungen 1377—1471. K.A.
Stark.	Stark'sche Chronik. St.A.

R.A.: Reichsarchiv München; K.A.: Kreisarchiv Nürnberg; St.A.: Stadtarchiv Nürnberg; H. u. St.B.: Hof- und Staats-Bibliothek München.

Inhalt.

Erste Periode.

Das Verfahren bis zur Einführung der Tortur.

Älteste Stadt- und Gerichtsverfassung.

Wann die ersten Felsen sich einten zum Wartturm auf der stolzen Höhe, wo jetzt die Kaiserburg thront, der erste Axtschlag erdröhnte zum Zimmern wohnlicher Hütten an der Pegnitz Uferrand, der erste Zeidler Wildhonig aus des Reichswaldes Immenhorsten brach, — sichere Kunde hiervon wäre für die Forschung ersprießlicher, als der unerquickliche Sagenkreis, durch den die ahnenstolzen Geschlechter gleich den Vätern Roms den Ursprung der Stadt in geheimnisvolles Dunkel versenkten.

Wie andere Städte dem Bau eines Domes oder Klosters, der günstigen Lage an der Heerstraße, an Strömen und Pässen, der Fruchtbarkeit des Bodens Keim und Blüte danken, so mochte Nürnberg, von der Natur keineswegs verschwenderisch begabt, durch Gründung der Burg und vielleicht noch mehr durch die 1050 in ihm tagende Reichsversammlung Heinrichs III. den ersten Aufschwung erlangen.[1])

In der Blüte der Feudalherrschaft, wo sich die Bewohner des Landes in Adel und Hörige schieden neben meist mittellosen Freien, die nur mit Mühe ihre Unabhängigkeit wahrten, wallte in den Städten das Werbebanner der Bürgerfreiheit: Landsässige Bauern, die der Beherrung des Adels müde, Freiheit der Person und des Eigentums erstrebten, Handwerker, die sich in der Stadt reicheren Verdienst als auf einsamem Gehöfte versprachen, zogen in hellen Haufen herbei, die Bürgerschaft mehrend, an deren Spitze die Ministerialen des Königs und reichbegüterten Gemeinfreien standen, woneben mancher Edle der Umgegend mit Schloß und Dorf in den sicheren Verband der Stadt trat.

---

[1]) Barthold, Gesch. d. d. Städtewesens II 169.

So bildete sich eine Einigung des freien und unfreien Standes, die der Überhandnahme der Hörigkeit erfolgreichen Widerstand zu leisten vermochte, ein Volksrecht, das im Gegensatz zu dem jeder selbständigen Regung abholden Hofrecht bei ungehemmter Kräfteentwickelung des Einzelnen nur Beugung unter die öffentliche Autorität gebot.

Aber zwischen der Verleihung des Marktrechtes an das jungaufstrebende Gemeinwesen bis zur vollen Autonomie des Rates lag noch ein langes, mühevolles Ringen. Vorerst sehen wir den mit der Burghut betrauten Burggrafen,[2]) seit der Hohenstaufenzeit den Reichsvogt oder Reichsschultheißen im Besitz der Jurisdiktionsgewalt, woneben ihnen die Verwaltung andrer wichtiger Herrschaftsrechte zufiel. Auch nach Ernennung des Vogtes blieben noch dem Zollerngrafen, wiewohl er von der Rudolfinischen Investitur (1273) bis zum Verkauf seiner Burg an die Stadt (1427)[3]) jeder amtlichen Superiorität entbehrte, bedeutende Rechte; so in gerichtlicher Beziehung: Anteil am Stadtgericht mit der Befugnis, einen Offizial zum Vorsitz an demselben neben dem Schultheißen zu ernennen, zehn Pfund Pfennige vom Schultheißenamt selbst, sowie zwei Drittel der erhobenen Strafgelder.[4])

Der Schultheiß, zuerst in einer Urkunde Philipps von Schwaben (1200), sodann im Freiheitsbriefe Friedrich II. (1219) erwähnt,[5]) führte neben der Verwaltung der peinlichen und bürgerlichen Gerichtsbarkeit[6]) die Aufsicht über die Pfleger des umliegenden Landgebiets,[7]) besaß die Befugnisse zu ächten, zu verbannen, Verbrecher aus der Freiung zu nehmen (neben dem Rat), Geleit zu erteilen, gefangene Bürger (nisi atrocitas) gegen Verbürgung freizugeben[8]) und wurde alljährlich durch den Rat verpflichtet „daz er dem armen rihte, als dem Reichen nach der Scheppfen urtail“.[9])

---

[2]) Hegel, fränk. Städtechroniken I Einl.

[3]) Hist. Diplom. Norimb. 1273, 1427; d. h. der neben der kaiserl. stehenden Burg.

[4]) Hist. Diplom. 1273; Hegel I Einl.; Schroeder, Rechtsgesch., 594 n.

[5]) Hist. Diplom. 1219; in diesem Priv. auch zuerst das Verbot, einen Bürger vor fremden Gerichten zu belangen.

[6]) Stromer, Gesch. des Reichsschultheißenamts 5 ff.

[7]) Hegel I Einl.

[8]) Hist. Diplom. 1313.

[9]) Stromer 10; Baader, Nürnb. Polizeiordnungen 7.

Die Verwaltung des Blutbannes war eine Hauptthätigkeit des Schultheißen, Hegung des Gerichts von seiner Zustimmung und Mitwirkung abhängig.[10]) Er führte den Vorsitz, leitete die Verhandlung, wahrte den Frieden, ernannte Fürsprecher, erlaubte den Schwur, ließ das Urteil finden und verfügte die Richtung des Armen. Sonst fungierte er als „gemeiner Frager" und übte auf den materiellen Inhalt des Urteils keinen Einfluß, indem er hierbei an das Votum der Schöffen gebunden war.[11]) Die dem Schultheißen zufallenden Gerichtsgefälle, worunter auch die Habe Geächteter und zum Tode Verurteilter, die seiner Konfiskation unterlag,[12]) zu rechnen, waren ziemlich belangreich. Als sein Substitut im Gerichtsvorsitz ist der Unterrichter zu erwähnen,[13]) welcher ebenfalls vom Kaiser belehnt und vom Rat vereidigt wurde.

Gleichviel ob stets vom Kaiser oder — nach andrer Version — zeitweise vom Burggrafen eingesetzt,[14]) mußte der Schultheiß in Ausübung der politisch wichtigsten Rechte lange Zeit jeden Übergriff des nach Selbständigkeit ringenden ehrgeizigen Patrizierrates zurückzuweisen, so daß dessen Streben allein darauf hinzielte, einen aus seiner Mitte als Schultheißen durchzusetzen, was ihm auch frühzeitig gelang.

Unter den Hohenstaufenkaisern sehen wir Nürnberg unter Herrschern, die einerseits in blindem Vorurteil für den sich gegen die Reichsgewalt selbst überhebenden Adel, durch strenge Verbote der Städtebündnisse und Wahl selbständiger Ratskollegien wenig willfährig waren, Bürgerglück und Bürgermacht zu fördern,[15]) anderseits aber sich durch fortwährende Fehden, Thronkriege, Römer- und Kreuzzüge wenig befähigt zeigten, tiefer in die innere Entwicklung der Städte einzugreifen. Vom Kaiser verlassen, gezwungen, das den Vorfahren gewährleistete Recht der Reichsunmittelbarkeit durch eigne Thatkraft zu verteidigen, stieg das Selbstbewußtsein der Bürger, erwachte zugleich das Streben nach strikter Regelung des innern

[10]) Halsgerichts-O. I.

[11]) Hist. Diplom. 1313, 1315.

[12]) Baader 41; Stromer 105, 106, contra: Priv. Ludw. 1331 (Ann.).

[13]) Oder Stadtrichter, Stromer 47; Eid in Siebenkees, Materialien zur Nürnb. Gesch. 3, 376.

[14]) Während der Verpfändung von 1323—39 und 1365—85, contra: Siebenkees, Jur. Magazin 1, 18, welcher Belehnungen kais. Schultheißen in diesen Perioden nachweist.

[15]) Menzel, Gesch. d. Deutschen III 222.

Gemeinlebens, gepaart mit eiserner Strenge gegen fremden schädlichen Einfluß.

Im Interregnum bot sich wohl für Nürnberg die erste Möglichkeit, dem Sachwalter des Reiches erfolgreich entgegenzutreten, die Autorität des Schultheißen zu untergraben, ihn Schritt für Schritt von der Ausübung der kaiserlichen Herrschaftsrechte zurückzudrängen.

Als verfassungsmäßige Organe der Stadt, welchen diese Aufgabe zufiel, finden wir Rat, Schöffen und Genannte,[16]) wovon die beiden ersteren aus den Patriziern, anfangs wohl auch aus den Ministerialen,[17]) die letzteren aus den minder bevorrechteten Handwerkern gewählt wurden. Die Geschäfte des Rates, der eigentlichen Regierungsbehörde leiteten die beiden Frager. Geringere Autorität besaßen die Genannten, als mehr beratendes, denn beschließendes Kollegium vom Rat zur Erledigung besonders wichtiger Fragen versammelt. Die Schöffen endlich waren die zur Urteilsfindung beorderten Beisitzer des Schultheißengerichts. Im Privileg Heinrichs III. (1313) finden sich Schöffen und Rat getrennt erwähnt als „scabini et consules“.[18]) Dies ist aber keineswegs so aufzufassen, als ob sie aus heterogenen Elementen bestehend streng geschiedene Kollegien gebildet hätten. Sie waren Glieder einer Korporation, welche nur nach ihrer jeweiligen Funktion als Schöffen oder Rat bezeichnet wurden. In den ältesten Polizeiordnungen trifft man die Reihenfolge: Rat, Schöffen und Genannte.[19])

Wie der Rat entstanden, ob durch Erweiterung des Schöffenkollegs (des ächten Dinges) oder durch freie Wahl der Bürger, ist nirgends ersichtlich. In den Anfängen der Stadt war es den Schöffen leicht ermöglicht, bei den geringen Verkehrsverhältnissen neben der Gerichtspflege auch der Regelung der bescheidenen Verwaltungsbedürfnisse gerecht zu werden. Daß die später auftauchenden Bürgermeister anfangs durch Burggraf oder Schultheiß ernannt wurden, oder diese wenigstens bei der Wahl ihren Einfluß geltend machten, ist ja glaublich, keinesfalls aber darf man an eine Abhängigkeit, als wie in Bischofsstädten denken, indem die sonst freien Bürger sich kaum mehr Beschränkungen gefallen ließen, als

---

[16]) Baader 31 ff.

[17]) Analog der Gerichtsbesetzung, Hist. Dipl. 1313: Nemo etiam sententiam promulget, nisi milites vel honesti cives jurati.

[18]) Hist. Dipl. 1313.

[19]) Baader 31, 32.

ihnen durch die kaiserliche Belehnung jener Reichsbeamten auferlegt waren. Und jene, welche, wie Zoll und Münze, vornehmlich den Geldpunkt im Auge hatten, bildeten immerhin ein drückendes Hemmnis für des Rates Handlungsfreiheit, forderten Jahrhunderte zu endgültiger Beseitigung, nachdem man reichlich List und Gold vergeudet hatte.

Fiel, wie es das rasche Wachstum des jungen Gemeinwesens mit sich brachte, die Polizeigewalt frühzeitig in die Hände der Bürger, wobei dem Schultheißen anfangs noch eine gewisse Oberaufsicht, später lediglich ein Mitwirkungsrecht zugestanden wurde, so war es nur naturgemäße Fortentwicklung, wenn der Rat, gestützt auf die Mahnungen der Reichslandfrieden, gar bald als Sühne- und Strafinstanz für das weite Gebiet der Friedbruchsfälle dem Schultheißen gleichberechtigt gegenüberstand.[20]) Von weittragender Bedeutung war ferner die Erlangung des Privilegs für die Berechtigung zum Leumundsverfahren (1320), der Befugnis, von Rats wegen einen Stellvertreter bei Versagung des Schultheißen zu ernennen (1323), sowie des unbeschränkten Verbannungsrechtes (1349), bis endlich das Schultheißenamt selbst (1427) und der Blutbann (1459) für immer dem Rat verliehen wurden.[21])

Über den Ort der Tagung des Schultheißengerichts ermangeln wir jeder Nachricht; womöglich fand sie auf dem Marktplatz oder im Rathaus statt oder, wie das Gericht des Königs während dessen Anwesenheit, auf der Burg. Die Ordnung wahrten die Büttel.[22]) Das Volk bildete den Gerichtsumstand, war aber nicht zum Schelten des Urteils berechtigt, das wie jede Störung des Dingfriedens mit Buße bedroht war.[23])

Über die Existenz eines Stadtjuristen ist vor 1366 nichts überliefert;[24]) die Bestallung des Nachrichters fällt bereits nach den ältesten Ordnungen dem Rate zu.[25])

So viel aus den spärlichen Quellen dieser Zeit, Einzelheiten noch im Verlauf der nächsten Kapitel.

---

20) Baader 31 ff.

21) Hist. Dipl. 1320, 1323, 1427, 1459; Stromer 44.

22) Baader 12.

23) Baader 8, 12.

24) Stobbe, Rechtsquellen II 60.

25) Baader 10.

Das Sicherheits-Verfahren.

In dem Dezennium, in welchem Rudolf mit Allen v. Franken im Schottenmünster zu Nürnberg den Frieden des Reiches beschwor, beschrieb der Ratsschreiber mit zierlichen Runen die ersten Pergamente des ältesten Achtbuchs, und auch die frühesten Polizeiordnungen greifen nicht weit über diese Zeit zurück.

Und doch gewähren diese spärlichen Quellen beredtes Zeugnis von der umsichtigen Regelung der Wohlfahrtspflege unter Anteilnahme und strenger Verpflichtung des einzelnen Bürgers — im Gegensatz zur umliegenden Landschaft, wo das Sicherheitswesen noch in traurigster Verfassung lag, das Bauernvolk, statt durch energisches Zusammenwirken den Bedrückungen der Placker einen nachhaltigen Damm entgegenzusetzen, mit ihnen gemeinsame Sache machte, und der Entdeckung und Habhaftwerdung durch Sicherung des Raubes und des Thäters hemmend entgegentrat.

Besaß der Reichsschultheiß anfangs betreffs des Sicherheitswesens notwendige Mitwirkung und Oberaufsicht, besonders was Verbannung und Bildung des Polizeistrafrechts anging, so wußte ihn der Rat, wenn auch vorerst nur in interner Beziehung, immermehr hiervon zu verdrängen und sich gar bald ein selbständiges Vorgehen in allen auf Wohlfahrt der Stadt hinzielenden Bestrebungen anzumaßen. War die Thätigkeit der Stadtorgane zuerst mehr auf Schlichtung der Zerwürfnisse der eigenen Bürger, Reinigung der Stadt von gemeingefährlichen Elementen und Abwehr schädlicher Einflüsse von außen gerichtet, so erlangte der Rat um Mitte des XIV. Jahrh. das schon im Freiheitsbrief von 1313 erwähnte und dort dem Schultheißen zugesprochene jus stratas defendendi et salvi conductus, wie auch das unbeschränkte Verbannungsrecht.[26])

Was Erlaß und Vollzug der ältesten Sicherheitsverordnungen betrifft, nimmt der Rat dem Schultheißen gegenüber eine völlig koordinierte Stellung ein. In ihrer beiden Namen „durch der stat nutz und guten fride" publiziert, ruht ihre Wahrung und Durchführung vornehmlich in Händen des Rats.[27]) Freilich sollen „dieselben gesetzte dem rihter und den clagern an iren alten rehten

---

[26]) Stromer 44.

[27]) Baader, Nürnb. Polizeiordn. 31 ff.

niht schaden". Der Richter soll also weder seiner Gewedde noch der Befugnis eventuell von Amts wegen einzugreifen, verlustig gehen, dem Verletzten hingegen es nicht benommen sein, den Gegner auf dem Weg des strengen Rechtes zu belangen. Aber war einesteils wegen der im ordentlichen Verfahren mitunter schwer erfüllbaren Formalitäten die Sühne auf dem Wege jener Verordnungen bequemer und sicherer zu erreichen, so durfte der Kläger bei rigorosem Vorgehen auch in andern Fällen von der Sippe des Überwundenen beziehungsweise seinen Mitbürgern keine Milde gewärtigen.

Außerdem soll auch nach altem Recht verfahren werden, so oft es sich um einen Rechtsbruch handelt, der in jenen Verordnungen keine Normierung fand. Nur auf Friedbruchsfälle begrenzt sich ihre Kompetenz, d. h. auf solche Delikte, welche als Bruch des Stadtfriedens gelten, wie Totschlag, Heimsuchung, Auflauf, Wehrzucken, gefährliches Umhergehen bei Nacht, sowie überhaupt alle Schädigungen bei Zerwürfnis und Aufruhr, nicht aber Mord, Brand, Fälschung, Diebstahl u. dgl., wofür allein, wie früher, das reguläre Ungerichtsverfahren besteht. Interessant ist besonders hier die verschiedene Behandlung des Totschlags: Buße, sowie Bestrafung im Unvermögensfall sind genau fixiert, sofern der Schuldige sich freiwillig stellt oder nach der That ergriffen wird. Wird er aber „begriffen an der tat", so tritt überhaupt keine Sühne auf Grund der Verordnungen ein, sondern dann soll man ihm „der stat reht lazen widervarn als von alter reht her ist gewesen".[28]) Der Begriff „Friedbruchsfälle" ist jedoch ein sehr dehnbarer, weshalb auch der Rat keine Gelegenheit zur Erweiterung seiner Machtbefugnisse unbenutzt vorübergehen ließ.

Bei Nürnbergs rasch aufblühendem Verkehrsleben und dem unter den Bürgern noch florierenden Fehdewesen mußte dem Rat, der die Verantwortlichkeit für Wahrung des Stadtfriedens trug und in erster Linie bei nicht energischer Niederwerfung von Tumulten bedroht war, in dieser Hinsicht wenigstens selbständiges Vorgehen eingeräumt werden.

Duldete man den Mißstand der Fehde als landläufigen Brauch, der durch Landfrieden und kräftige Herrscher, wie Rudolf, zwar

---

[28]) Baader 32; die Wegnahme einer Sache aus Anlaß der Fehde ist i. d. O. normiert im Gegensatz zum Ungericht des Diebstahls oder Raubes, Baader 36.

eingedämmt, doch lange nicht ausgerodet werden konnte, wenigstens erst nach dem ewigen Landfrieden seinen Abschluß fand, so mußte man ihn im engen Gemeinleben, das durch Privatfehden leicht in seinem Bestande zu gefährden war, um so empfindlicher fühlen. Allerdings vermochte er hier auch rascher und nachdrücklicher als auf dem Lande durch eine mit den nötigen Machtmitteln ausgerüstete Obrigkeit zum Schweigen geboten zu werden. Allein der Rat war im XIII. Jahrhundert den Bürgern gegenüber noch keineswegs zu solcher Souveränität gediehen, daß er Fehden, bisher durch Volksrecht gebilligt, willkürlich zu verbieten und mit Strafe zu belegen vermochte.

Es bedurfte also — in der richtigen Erkenntnis der Schädigung des Gemeinwohls durch die Fehde einzelner — der Zustimmung der Bürgerschaft zur Beschränkung des bisher ungebundenen Fehderechts, d. h. es wurde gleichsam ein Landfriede geschaffen, für einen engern Wirkungskreis berechnet, doch milder, genauer spezialisiert in der Bestrafung, energischer in der Durchführung. Jeder Verstoß gegen diesen Frieden war als Vertragsbruch zu sühnen.

Eine Berechtigung zu solcher Initiative mochte übrigens der Rat von dem seit frühester Zeit nach Verleihung des Marktrechts bestehenden und durch ihn gehandhabten Marktfrieden ableiten. Mit dem Marktrecht wurde meist vom König als Marktherrn der Markt- oder Königsbann verliehen, d. h. die Befugnis, zur Wahrung des Marktfriedens verbindliche Strafverordnungen zu erlassen und deren Übertretung als Friedbruch zu ahnden. Der unter dem besondern Mundium des Königs stehende, vornehmlich vor Friedbruch zu schirmende ursprüngliche Bezirk des Marktgerichts war wohl die sogenannte Mundat,[29]) deren Bannkreis später (1481) durch an Häuser gemalte Hände gekennzeichnet wurde. In Anbetracht der gesteigerten Verkehrsverhältnisse erweiterte sich nun dieser Friede bis zu den Grenzen der Stadt, indem jedoch die in dem neuen Bezirk verübten Verletzungen einer mildern Justiz anheimfielen. Innerhalb der Mundat begangene Frevel riefen auch später noch, als die eigentliche Bedeutung derselben erloschen war, doppelte, mitunter vierfache Bestrafung hervor, im Unvermögensfall oft den Verlust der Hand.[30])

---

[29]) Baader 49.

[30]) Baader 46, 49, 50.

Als Exekutivorgan sind Schultheiß, Rat, Schöffen und Genannte, vornehmlich aber die beiden Frager, d. h. die jeweilig regierenden Bürgermeister zu nennen. Als Unterorgane treten die Viertelmeister auf, von denen jedem die Aufsicht über einen der acht Stadtbezirke zukommt, ferner die Büttel und Märktpfänder, welche eidlich verpflichtet sind, schädliche Leute zu rügen.[31]) Sonst ist dem einzelnen Bürger Anteilnahme an der Aufrechthaltung der Ordnung geboten und wohl auch schon in dieser Zeit spezielle Belohnung für Habhaftwerdung von Verbrechern zugesichert;[32]) erst gegen die Mitte des XIV. Jahrh. treten ständig besoldete Stadtknechte auf, während die bei Streifen verwendeten Söldner für jede größere Aktion besonders abgelohnt werden.[33])

Gerät ein Bürger mit einem andern in Feindschaft, so soll er ihm nicht unberechtigt Schaden zufügen und die Fehde, was er mit zwei „erbern mannen" zu beweisen,[34]) acht Tage vorher ankündigen. Andernfalls sühnt er mit Buße und Exil; für den Totschlag gelten hundert Pfund Heller Buße nebst zehn Jahren Verbannung als Strafnorm. Ist erstere uneinbringlich, so kann sich letztere perpetuieren; wird der Friedbrecher nach der That ergriffen, so wird er bis zur Zahlung gefangen gehalten. Bei Ergreifung an der That tritt, wie erwähnt, das ordentliche Verfahren ein.[35]) Erblickt man ihn vor Abbüßung der Verbannungsstrafe „in den zilen", so muß er die Buße nochmals dingen, die Verbannungszeit beginnt von neuem. Die Buße, auch Besserung genannt, fällt teils der Stadt, teils dieser und dem Schultheißen (4 : 1) zu; bei Verursachung materiellen Nachteils tritt Ersatz an den Verletzten ein. Die Buße wird, sofern nicht der Kläger das ordentliche Verfahren wählt, auf dem Weg der Sühne festgesetzt oder selbständig durch den Rat.[36]) Zur Eintreibung der Bußen sind Schultheiß, Rat, Schöffen, Genannte, subsidiär die Gemeinde verpflichtet. Wer sich ihr „frefelich" widersetzt, soll, wenn er der „geswornen einer", Absetzung erfahren,[37]) ebenso der Geschworne, der ihm „kuntleich"

[31]) Baader 11.

[32]) Baader 46.

[33]) S. Sicherheitswesen II. Per.

[34]) Baader 31.

[35]) Baader 32, s. jedoch n. Kap.

[36]) Baader 33, 37.

[37]) Baader 32, davon sein ewicleich (d. h. von den Geschwornen, mit städt. Amt Betrauten).

hilft; ein andrer soll nie Geschworner werden, nicht notorische Helfer vermögen sich vom Verdacht durch Einhandseid zu reinigen.

Entsteht ein Zerwürfnis oder „crieck“ und sind es so „gewaltige und unrichtige“ Leute, daß sie nicht Besserung thun und sich über die gegenseitige Besserung binnen vierzehn Tagen nicht einigen wollen, so sollen Rat und Schöffen dieselbe auf ihren Eid festsetzen. Überhaupt ist es, wo nötig, auf die Aufforderung der Frager hin, ihre Pflicht, Friede zu gebieten bei hundert Pfund. Treffen sie die Beteiligten nicht, so verkünden sie den Frieden in ihren Häusern oder bei ihren Brotgebern, welche ihnen das Friedgebot bei hundert Pfund Strafe übermitteln müssen. Ist ein Bürger so „gefrünt oder so gewaltig“, daß er nicht Frieden schließen will, so soll einer oder zwei des Rats oder der Schöffen zu ihm und bei fünf Pfund Friede gebieten auf vierzehn Tage; gehorcht er nicht, so wird diese Prozedur Tag für Tag wiederholt, bis er in sich geht. Wie wenig übrigens die Autorität der Stadtbehörde den Bürgern gegenüber noch gefestigt war, zeigt die Bestimmung, daß die friedenstiftenden Ratsglieder bei Mißerfolg nach dem Rat, den Schöffen und Genannten senden sollen, um dann bei ihrem Eid den Streit „so si peste mügen“ beizulegen.[38]) Gelobt der Führer eines Auflaufs Friede und erhebt einer seiner Freunde die Fehde von neuem, so wird gegen ihn als Friedbrecher verfahren. Aufgabe des Bürgerrechts nach der That schützt nicht gegen gerichtliches Vorgehen. Gäste und Knechte erfahren schärfere Behandlung als Bürger. Als notwendiges Erfordernis für die Wahrung des Stadtfriedens wird Hausfriedensbruch (Heimsuche) strenge bedroht. Die Schuld des Angeklagten muß hier jedoch, wie bei Ungerichten, selbstsiebent beschworen werden, nachdem der Kläger die Versicherung gegeben, daß er nicht lediglich aus Rache oder Feindschaft die Beschuldigung erhoben. In allen Fällen der offenen Klage und der Verleumdung endlich, „ane umb todslege, plutrunst und heimsuch,“ vermag der verdächtigte Bürger durch Einhandseid dem Beweisrecht seiner Verfolger Abbruch zu thun.[39])

Daneben sind noch in umfassender Weise Strafen und Kompositionen für jede Verwundung und wörtliche wie thätliche Ver-

---

[38]) Baader 34.

[39]) Baader 37; auch für Bestrafung des hierbei (umb swelher hande getat daz ist) geschwornen Meineids ist der Rat kompetent, cf. 69.

letzung normiert; streng wird auch der Gemeingefährlichkeit wegen das nächtliche Umherstreifen ohne Licht und das Tragen von Schwert und Messer bestraft, welches bloß dem (burggräfl.) Landrichter und dem Schultheißen, sowie deren Knechten gestattet ist und dem, welcher die Buße nicht zu erlegen vermag, die Hand kostet oder „schlahen zu dem stocke", bis er des Schultheißen oder Rates Freundschaft gewinnt. Kommt ein Fremder in eine Herberge, so soll ihm der Wirt gebieten, Schwert und Messer abzulegen, bei Weigerung aber Nahrung und Unterkunft versagen. Verletzung der Bürger durch Gäste beziehungsweise Fremde wird schwer geahndet.

Jeder Verkehr mit schädlichen Leuten ist verboten, wie auch der Ankauf von „räubigem, diebigem" Gut; genau ist dem Bürger die Höhe des Lösegeldes vorgeschrieben, die er nicht überschreiten darf, um sich aus der Gefangenschaft zu befreien.

So viel, was uns zu kurzem Überblick über das damalige Sicherheitswesen von den Ordnungen, die das ganze Polizeiwesen dieser Zeit, d. h. alle Zweige der Stadtverwaltung zu regeln bestimmt sind, Interesse erweckt; das Verbannungsverfahren des ersten Achtbuches soll wegen des Vorwiegens der Ungerichtsfälle mit dem Ungerichtsverfahren Besprechung finden.

Das Ungerichts- und Verbannungs-Verfahren.

Vermochte der Rat in Friedbruchsfällen frühzeitig das Recht selbständigen Vorgehens zu erringen, so war er im peinlichen Verfahren noch völlig vom Willen des Schultheißen abhängig, ohne den kein Urteil gefunden und vollstreckt werden konnte.

Um die besondern Merkmale des Nürnberger Verfahrens den gemeinrechtlichen Prinzipien dieser Zeit gegenüber schärfer hervortreten zu lassen, vorerst einige Streiflichter auf diese:[40])

Geschieht ein Mord oder Diebstahl und ertappt man den Verbrecher auf handhafter, wahrhafter That, d. h. bei der Ausführung des Ungerichts oder unmittelbar nach derselben, so erhebt man das Gerüfte,[41]) die Nachbarn eilen herbei, helfen den Thäter über-

---

[40]) Planck, Gerichtsverf. i. M. A. I, 757 f.; Schröder, Rechtsgesch., 85.

[41]) Da schrai der kirchner: „diebe io!", Hegel, Städtechron. V, 558.

wältigen und fesseln, binden ihm die Handhafte (Finger des Ermordeten, geraubte Ware) auf den Rücken und schleppen ihn unter fortwährendem Gerüfte vor den Richter. Leugnet der Beklagte, so übersiebnet ihn der Kläger mit sechs Eidhelfern, worauf die Schöffen bei formell richtiger Durchführung des klägerischen Beweises das Todesurteil aussprechen, welches sofort vollstreckt wird.

Gelingt es dem Kläger nicht, den Thäter bei handhafter That zu ergreifen, erhebt er jedoch das Gerüfte und klagt er sofort unter Vorzeigung der Spuren der That (der Leiche des Ermordeten) vor dem Richter, so erringt er die Verfestung oder Ächtung des Beklagten, was zur Folge hat, daß dieser bei späterer Gefangennahme ebenso behandelt wird, als ob er bei handhafter That ergriffen wäre. Stellt er sich freiwillig, so bleibt die Entscheidung meist dem Zweikampf überlassen.

Durchaus zu Gunsten des Beklagten gestaltet es sich, wenn die Klage übernächtig, d. h. nicht rechtzeitig erhoben ist: Erst auf die dritte Ladung, unter Verbürgung sichern Geleits braucht er zu erscheinen, worauf er sich in den meisten Fällen durch einfachen (Einhands-) Eid zu reinigen vermag.

Ist endlich das gerichtliche Vorgehen nur durch Inzichten (Anzeigen) oder bösen Leumund veranlaßt, so bleibt peinliches Verfahren überhaupt ausgeschlossen, es tritt „Verbürgung zu freundlichen Rechten" ein.

So viel zu kurzem Einblick, Einzelheiten noch im Laufe der Besprechung.

Daß dies Verfahren auch in Nürnberg Wurzel geschlagen, wenigstens auf das Ergreifen bei handhafter That hervorragender Wert gelegt wurde, bezeugt manche Stelle im ältesten Achtbuch;[42]) zog dies aber einerseits nicht immer die gewöhnlichen Folgen nach sich, so galt es anderseits bald nicht mehr als essentieller Faktor des Beweises.

In Bezug auf die durch irgend welchen Verdacht bezichtigten „schädlichen" Leute griff nämlich seit Ende des XII. Jahrhunderts in einigen Landfrieden und Stadtrechten besonders Süddeutschlands ein kürzeres Verfahren Platz, das sogenannte Übersiebnen schädlicher Leute.[43])

---

[42]) Deprehensus in furto, homicidio, A.B. I, 8, 8b.

[43]) Dreyer, Nebenstunden, 128; Löning, Reinigungseid b. Ungerichtskl., 69.

Die Änderung bestand darin, daß man auf die Erfordernisse der Handhafte und des Gerüftes verzichtete und allein verlangte, daß der Thäter gefangen vor Gericht gebracht und übersiebnet werde. Als ältestes Zeugnis hierfür gilt die Übersiebnung eines der Unzucht bezichtigten Geistlichen in Rheims (909).

Daß sich auch in Nürnberg und vielleicht schon mit Beginn des XIII. Jahrhunderts dieses Übersiebnen Bahn brach, verursachte wohl, daß auf der Nürnberger Kurie i. J. 1187 Friedrich I. seine Constitutio contra incendiarios erließ, wonach bei Ergreifung eines Brenners (nisi notorium per provinciam) der Richter beordert wird, ihn mit sieben tauglichen Zeugen zu übersagen.[44])

Verallgemeinert auf schädliche Leute überhaupt sanktioniert das bloße Übersiebnen der in Nürnberg bestätigte Mainzer Landfriede Rudolfs I. 1281: „Swer einen schebelichen man oder einen diep für gerichte gevangen bringet, derselbe oder der rihter soll sweren, daz er ein so schedlich man si, daz man ze reht uber in rihten schull, vnd schuln denne sehs sweren, daz der aid war si. Darnach sol man vragen, wie man uber in rihten sull."[45])

Im Lindauer Privileg (1321 und 1331) wird endlich aufgefordert:[46]) „daß sie halten sollten die Rechte, die unser Vorfahr seel. Kunig Albrecht setzt zu Nürnberg, da nach dem Landfried, der auch von unsern wegen geschworen ist, also daz sie mögend Man und Weib, die in ihr Geriht gefangen weren oder darin geantwortet werden umb Schuld, die bey ihm gefunden wird oder nit, die Menschen soll ein jeglich Man gewalt han mit einem gelehrten Aid zu überkommen, den es ungeferd zu den Heiligen über ihm schweren soll und das soll thun der Kleger und darnach sollen sechs glaubhafte Man, die zugegen vor Gericht seynd, schweren daz der Aid rein sey und nicht maineidig."

Ähnlich in den Stadtrechten von Augsburg, Bamberg, Dinkelsbühl, Kempten, München, Biberach, Ravensburg, Tübingen, Dortmund, im Bayr. Landrecht, im Österr. Provinzialrecht usw.

Nirgends jedoch sehen wir das Verfahren in so ausführlicher Weise dargestellt, wie in der ältesten Nürnberger Halsgerichtsordnung.

---

[44]) Pertz, Monum. Germ. Leges II, 183.
[45]) Pertz, II, 427.
[46]) Dreyer, 129.

Dieses Rechtsdenkmal befindet sich in einem der Codices,[47]) denen Baader seine „Nürnberger Polizeiordnungen" entnahm, deren Veröffentlichung manchen jüngeren Gelehrten, der jenen Folianten durchblättert, abgehalten haben mochte, ihn genauer durchzuprüfen, ob er nicht doch noch einiges Unedierte, in kriminalistischer Beziehung Beachtenswerte in sich birgt. So kam es denn, daß diese Ordnung bisher völlig unbeachtet blieb.

Und es gibt nicht allzu viel Ordnungen aus dieser Zeit bei so großer Ausführlichkeit des Verfahrens. Dabei ist die Ähnlichkeit mit der zweiten Ordnung unleugbar, wodurch endlich das Rätsel der Abstammung derselben als gelöst erscheint, zumal im Vergleich mit einem später citierten Ratserlaß, wonach die zweite Ordnung die Veränderung und Verbesserung einer früheren ist.[48])

Woher aber stammt die erste, hat Nürnberg volles Anrecht auf sie oder ist sie Kopie einer fremden? Fehlt auch die Angabe des Autors und Jahres ihrer Verabfassung, so scheint doch ihre Geltung in Nürnberg am Ende des XIII. oder Anfang des XIV. Jahrhunderts ziemlich sicher verbürgt, da sie sich in dem zu Stadtgesetzen dienenden Codex an die Forst- und Waldordnung von 1294 anschließt und andre Verordnungen in analoger Schreibweise folgen. Jedenfalls entstand sie vor 1320, in welchem Jahre der Rat zum Leumundsverfahren überging.[49])

Die Vermutung liegt nahe, daß unter dem in ihr genannten „her cunrat" der Rihter[50]) — im Vergleich mit einem bald darauf eingetragenen Urteil, in dem Chonrat Eseler als Richter fungiert — der Schultheiß Konrad Eseler gemeint ist, welchen Müllner (1291) den „gerechten", Ulman Stromer den „guten" Richter nennt, der im ersten Achtbuch (1290) als Chunradus asinator scultetus verzeichnet ist,[51]) und nachweislich von 1290—1300 1310—1314 Richter war.[52])

Vielleicht bildet die Ordnung die unmittelbare Folge des Rudolfinischen Landfriedens, dessen cit. Satzung sie in breiter Ausführung umfaßt, oder sie enthielt bis dorthin das reguläre Ver-

---

[47]) Cod. 314, 86b f.

[48]) S. Rechtstag, II. Per.

[49]) S. n. Kap.

[50]) H.G.O. I, Zeile 188.

[51]) Cod. 314, 99; Ann. 1291; Hegel I, 73; A.B. I, 8b.

[52]) Stromer, Gesch. des Reichsschultheißenamtes 73 f.

fahren mit Handhafte und Gerüfte, worauf sie dem Landfrieden gemäß entsprechende Kürzung erfuhr. Für letzteres spricht, daß sie im Gegensatz zu andern Ordnungen dieser Art großer Umständlichkeit huldigt.

Kurz vor Drucklegung der Arbeit entschloß ich mich, den Codex Herrn Geh. Hofrat Dr. v. Rockinger vorzulegen, der in seinem namentlich jüngeren Forschern gegenüber schon so oft betätigten Wohlwollen gütigst meinem Ersuchen auf Prüfung der Ordnung Folge leistete. Und diese ergab, daß die Ordnung sicher innerhalb 1294 und 1320 in Nürnberg rechtliche Geltung besaß, indem sie sich in dem ursprünglichen Bestande, d. h. noch auf der mit der alten römischen Zahl XI bezeichneten Lage — unter welcher noch „vltimus excepto vno" bemerkt ist — des mit der Zeit mancherlei Verschiebungen und Einschaltungen unterworfenen Stadtbuches befindet und unmittelbar auf die Forst- und Waldordnung von 1294 folgt, während die ganze Sammlung nur bis 1333 reicht.

Und warum sollte sie dann nicht auch, wie die übrigen Verordnungen dieses Rechtsbuches — wenigstens bis zum Einführungsjahr des Leumundsverfahrens — wirklich Anwendung erfahren haben?

Ob sie auch in Nürnberg entstanden, ist nicht zu ermitteln. Nun stammt die unter dem Schultheißen Fridrich Zolner vom Bamberger Rat erlassene Konstitution über Einführung des Übersiebnens aus derselben Zeitperiode, nämlich aus dem Jahre 1314.[53]) Der nächste Gedanke ist, Nürnberg — das man ja mit Vorliebe als unselbständig Pflegkind Bambergs behandelt — hat diese Ordnung zum Muster genommen. Viel natürlicher aber, angesichts der großen Dürftigkeit der Bamberger Konstitution und der vielleicht doch vorhandenen Altersdifferenz, ist es, den Schluß zu ziehen: beiden hat lediglich das allgemein zugängliche kaiserliche Landfriedensgesetz zum Vorbild gedient.

Doch nun zu kurzer Skizzierung der Ordnung selbst.

Das Gericht besteht aus dem Richter, der mit Königsbann belehnt sein muß und nur als „gemeiner Frager" fungieren soll, und den Schöpfen, die — mindestens sieben und, um Zwiespalt zu vermeiden, in ungerader Zahl — für das Nürnberger Gericht in Eid und Pflicht zu nehmen sind.[54])

---

[53]) Zöpfl, Das alte Bamberger Recht, 148.

[54]) H.G.O. Z. 6, 152, 83, 147.

Was den Kläger betrifft, so sind bei der Verbürgung mehrere denkbar, in der Hauptverhandlung fungiert nur einer als solcher.[55]) Möglich ist, daß mangels eines Privatklägers der Schultheiß als öffentlicher Kläger[56]) auftritt.

Das erste Erfordernis ist, daß der Kläger, um die leibliche Überwindung des Thäters zu bezeugen, denselben gefangen und gebunden vor den Schultheiß bringt und um die That, infolge deren er ihn gefangen, anspricht.[57]) Dagegen ist es völlig indifferent, ob er ihn bei handhafter That oder auf der Flucht ergriffen, ob er Gerüfte erhoben oder nicht, ob er ihn sofort oder nach vernachteter Klage vor den Richter geführt; auch bedarf es keiner Vorweisung der Spuren der That.

Ferner ist erforderlich, daß sich der Kläger nicht in Bann und Acht befindet, indem er sonst Zurückweisung seitens des Beklagten zu gewärtigen hat.[58])

Sodann folgt die Verbürgung der Kläger.[59]) Sie geschieht nicht der Gerichtskosten wegen, denn die Hilfe des Gerichts wird unentgeltlich gewährt; sie gilt als Garantie für Erlegung der Gewedde, wenn sich die mutwillige Anstellung der Klage ergibt, der Kläger sein behauptetes Recht nicht durchführt.[60]) Endlich bestimmt der Richter den Termin zum Gerichtstag.[61])

Dort erhält der Kläger vorerst durch Urteil des Richters einen Vorsprecher.[62]) Der Kläger ist berechtigt, ihn selbst zu wählen; er hat ihn mit Namen zu nennen und dreimal zur Annahme aufzufordern. Leistet er keine Folge, so gebietet es ihm der Richter in gleicher Weise, gehorcht er abermals nicht, so verfällt er einer Buße und der Kläger wählt einen andern.

Der Vorsprecher ist i. a. dazu bestimmt, für den Kläger — mit Ausnahme dessen, was, wie der Schwur, von diesem selbst gesprochen werden muß — das Wort zu führen.[63]) Was er spricht, gilt

---

[55]) Z. 19, 32.

[56]) Z. 95, 129 f. cf. 188; richtiger wohl als willkürliche Bezeichnung des Klägers anzusehen.

[57]) Z. 11, 17.

[58]) Z. 311.

[59]) Z. 20.

[60]) Z 22.

[61]) Z. 24, 29.

[62]) Z. 34 f.

[63]) Planck I, 194 f.

als vom Kläger gesprochen, sofern dieser nicht widerspricht, was ihm bis zum Urteil freisteht. Als Vorsprecher kann jeder vollberechtigte Freie fungieren; da es aber darauf ankommt, daß dieser genau mit der Form des Verfahrens an dem betreffenden Gericht vertraut ist, werden öfters, wie auch nach dieser und der II. Halsgerichtsordnung, nur Schöffen zu Vorsprechern ernannt.[63a]) Ein Zwang, einen solchen zu nehmen, besteht übrigens nicht, doch ist ein Verzicht hierauf bei der großen Peinlichkeit in Wahrung der Form, von welcher Sieg oder Unterliegen des Klägers abhängt, nur bei eigner Rechtskunde desselben zu erwarten.

Der Vorsprecher muß gleich anfangs erbeten werden, nach Aufstellung desselben bleibt für den betreffenden Gerichtstag ein selbständiges Handeln des Klägers ausgeschlossen. Gewöhnlich ist ihm auch, um sich mit seinem Klienten unterreden zu können, gestattet, ein Gespräch mit diesem außerhalb des Gerichtes vom Richter zu erbitten.

Unsrer Ordnung gemäß dingt der Vorsprecher nach seiner Ernennung, um Formfehler ohne Nachteil verbessern zu dürfen, dem Kläger Wandel (Holung),[64]) wozu er die Schöpfen als Zeugen aufruft und erhebt die Klage, worauf bei richtiger Fassung derselben der Beklagte auf Urteil der Schöpfen gebunden und gefangen vor Gericht gebracht wird. Nach dessen Erscheinen wird abermals ein Vorsprecher gewählt.[65]) Diese, übrigens später gestrichene Bestimmung gibt dem Kläger Gelegenheit, einen unfähigen Vorsprecher mit einem geeigneten zu vertauschen.

Dieser klagt abermals über den nun gegenwärtigen Thäter[66]) und bittet über ihn zu richten, indem er sich bei dessen Leugnen erbietet, ihn dem Urteil der Schöpfen gemäß zu überwinden. Der Beklagte braucht hierbei nicht mit Namen genannt zu werden; er darf ebenfalls einen Vorsprecher aus der Zahl der Schöpfen wählen,

Leugnet der Beklagte,[67]) so fragt des Klägers Vorsprecher, was nun Recht sei, worauf die Schöpfen erteilen, der Kläger solle mit sechs Zeugen beschwören, daß er die Klage unparteiisch und

---

[63a]) Z. 90, 111 u. Rechtstag. II. Per.

[64]) Z. 57 f.

[65]) Z. 87.

[66]) Z. 96 f.

[67]) Z. 127 f.

der Wahrheit gemäß erhoben, dann sei ihm der Gegner verfallen. Diese Eidesleistung kann wieder um vierzehn Tage verschoben werden, während dessen der Beklagte in des Richters Gewahrsam bleibt.

Der Eid selbst wird dem Kläger, wie den Zeugen vom Vorsprecher erteilt,[68]) zugleich aber auch Holung ausbedungen, da sonst durch irgend welchen Verstoß der Beweis hinfällig werden könnte. Der Kläger schwört zuerst, ihm folgen die Zeugen, welche den Schwur zu gleicher Zeit ableisten. Von seiten der Zeugen ist der Eid nicht die Versicherung, daß sie bei der Verübung des Verbrechens zugegen gewesen und dieselbe wahrgenommen haben, sondern lediglich die Bekräftigung der rechtlich formulierten Behauptung des Klägers.[69]) Betreffs der Art der Zeugen unterscheidet man nämlich: wirkliche Zeugen, die bei der That zugegen waren, Schreileute, die auf das Gerücht des Klägers herbeigeeilt, endlich Eidhelfer, welche allein im Vertrauen auf die Rechtlichkeit des Klägers seine Klagbehauptung beschwören, ihm „zum Eid helfen". [70])

In den Zeugen (helfern) der Nürnberger Halsgerichtsordnung haben wir nur gewöhnliche Eidhelfer vor uns. Ihr Schwur soll bestätigen, daß ein vom Kläger behauptetes Verbrechen wirklich begangen worden,[71]) was nach andern Ordnungen nicht immer erforderlich ist, indem hier die Geltendmachung der Schädlichkeit des Beklagten vollständig zur Überwindung hinreicht.[72]) Daß übrigens die Form bei der Eidesleistung ziemlich peinlich zu wahren ist, zeigt, daß besonders hervorgehoben wird, es solle das zufällige Auf- und Niederhalten der Finger vor oder nach dem Schwur nicht als Fehler gelten.[73])

Die Verteidigung des Beklagten beschränkt sich auf die Ablehnung untauglicher Zeugen, wobei der Bann durch des Bischofs oder des Dechanten Briefe, die Acht durch das Achtbuch, die uneheliche Geburt durch zwei ehrbare Nachbarn zu beweisen.[74]) Außer-

---

[68]) Z. 177 f.

[69]) Planck II, 45.

[70]) Planck II, 26, cf. 68, 223.

[71]) Z. 187, 250.

[72]) Wie z. B. n. Tübinger Rechtsgewohnh., Dreyer, 128.

[73]) Z. 266; der sol die hant als hoh aufhaben, Baader, P.O., 69.

[74]) Z. 225 f.

dem besteht für ihn die allerdings sehr geringe Hoffnung, daß dem Kläger die Durchführung der Eidesleistung mißlingt.

Andernfalls bestätigen die Schöpfen den Sieg des Klägers und, um denselben vor der Rache der Sippe des Überwundenen zu schirmen, drohen sie jeden Verletzer mit der Strafe des letztern zu belegen.[75]) Endlich folgt das Urteil und die sofortige Richtung des Verurteilten, wozu sich die Todesart für jedes der fünf Halsgerichte vorgezeichnet findet.[76])

Tötet der Kläger den Täter bei der Überwältigung oder in Notwehr, so hat er einen besondern Eid zu schwören, daß er desselben nicht anders habhaft zu werden vermochte, worauf gegen den Toten wie gegen einen Lebendigen verfahren wird, d. h. das sog. „Gericht über den Toten" stattfindet.[77])

Das Übersiebnen schädlicher Leute trat nun in zwei wichtigen Ausnahmefällen außer Wirksamkeit, nämlich, sofern der Angeklagte ein Bürger war und sich zum Reinigungseid erbot, wie auch — bei Bürgern und Fremden — im Fall der Selbstverbannung.

Inhaltlich der Privilegien und Ratsverordnungen besaß der Bürger überhaupt manche gerichtliche Vorteile: Vorerst durfte er (nisi atrocitas) gegen Verbürgung freigelassen werden;[78]) nur vor dem Schultheißen durfte man ihn verklagen, welche Vorschrift auch der Burggraf beobachten mußte.[79]) Niemand durfte ihn kämpflich ansprechen; wollte er dagegen einen Nichtbürger zum Zweikampf herausfordern,[80]) so bedurfte er des Rates Genehmigung.[81]) Er brauchte sich nur bei förmlicher Klaganstellung dem Votum der Schöffen zu unterwerfen; von Amts wegen ging der Schultheiß nur bei Totschlag gegen in vor.[82]) Die Klage sollte, wenn sich nicht der Gegner in der Fremde befand, innerhalb eines Vierteljahres erhoben werden.[83])

In allen schweren Fällen, wozu auch Heimsuchung zählte, mußte man, bevor man selbstsiebent die Klagbehauptung beschwor,

---

[75]) Z. 260, 280.

[76]) Z. 290.

[77]) Z. 300.

[78]) Hist. Diplom. Norimb. 1219, 1313.

[79]) Baader, 19, 21.

[80]) Hist. Diplom. 1219.

[81]) Baader, 18.

[82]) Baader, 36.

[83]) Baader, 18; auch bei Ungerichten?

durch Einhandseid versichern, daß man nicht aus Mutwillen klage.[84]) Während endlich der fremde Beklagte oft grundlosem Verdacht zum Opfer fiel, konnte sich der Bürger „wegen jeder missetat und umb inziht" (Inzicht, Verdacht, böser Leumund) durch Einhandseid reinigen,[85]) ausgenommen bei Totschlag, Blutrunst und Heimsuchung, in welch letztern Fällen ihm der Reinigungseid versagt war.

Aber auch bei offenbarer Schuld, wie nach Ergreifung bei handhafter That, vermochten zuweilen sowohl Bürger als Fremde dem sichern Todesurteil zu entrinnen, wie aus dem ältesten Achtbuch erhellt.[86])

Dasselbe erweist sich im Verein mit den frühesten Polizeiordnungen als ältestes Zeugnis gerichtlicher Thätigkeit. Es war zur Aufnahme von Geächteten, wie von Verbannten bestimmt und wurde im Einverständnis von Rat und Schultheiß von dem jeweiligen Stadtschreiber verabfaßt. Für die Erhaltung und Fortpflanzung des Volksrechts sorgte die Tradition, Ausnahmen desselben aus lokalem Interesse zu setzen, sowie die Regelung neuer, erst mit dem Wachstum der Stadt auftauchender Verwaltungszweige durchzuführen, war Sache gesetzmäßig verkündeter und schriftlich bezeugter Ratsverordnung; der Vollzug von Todesurteilen bedurfte keiner Beurkundung, die Namen derer aber, welche statt mit dem Tod oder geringeren Strafen mit Verbannung sühnten, mußten, um ihre Träger bei verfrühter Rückkehr zur Verantwortung ziehen zu können, durch Gerichtszeugnis gesichert werden.

Was vorerst die Geächteten (proscripti) betrifft,[87]) bei denen zumeist kurz die Thatsache der Ächtung, der Name des Klägers und das Verbrechen angeführt werden, so sind sie entweder bei handhafter That betreten durch Flucht entkommen oder sie haben sich, trotzdem sie der Kläger der That bezichtigt und vorgeladen, nicht dem Richter gestellt.

Nächst ihnen sind die durch Urteil des Stadtregiments Verbannten (exclusi, eliminati) zu nennen. Zur Säuberung des Stadtgebietes wurden mitunter ganze Horden von Gaunern vertrieben, wie 1315 und 1319 an siebzig Männer und Frauen

---

[84]) Baader, 38.

[85]) Baader, 37; Meineid strenge geahndet, 37, 69.

[86]) A.B. I.

[87]) Ad querelam Irmgardis vxoris Toklarii proscripti Heinricus et Ulricus de Sikenbach pro eo quod interfecerunt Toklarium, A.B. I, 1b.

(Ruffiani, kopperi et virharten) und mit ihnen ohne Namensangabe alle von Augsburg, Regensburg, Eichstätt, Würzburg und Bamberg Verbannten.[88]) Ähnlich summarisch verfuhr man bei Verbrechen, bei denen Zahl und Namen der Beteiligten nicht feststanden, indem dann das Achterkenntnis auch Unbekannte traf.[89])

Besonders hervorzuheben sind endlich diejenigen, welche sich wegen Ungerichts selbst verbannten[90]) (ipsi se sentenciaverunt, judicaverunt se sententialiter). Wenn bei den hierunter aufgeführten Bürgern eventuell ein Vorrecht präsumiert werden könnte, wonach ihnen bei Verwirkung des Lebens Halslösung durch Selbstverbannung und Aufgabe des Bürgerrechts freistand — ähnlich der später zu erwähnenden Einmauerung unter Erhaltung des Bürgerrechts — so darf man bei den Fremden lediglich an eine von der Zustimmung des Verletzten beziehungsweise Klägers abhängige Strafumwandlung denken. Es handelt sich um einen Sühnevertrag zwischen Kläger und Beklagten unter Vermittelung des Gerichts. Weigert sich der Kläger oder in Offizialfällen, insbesondere wenn, wie bei Aufruhr, das Gemeinwesen als Verletzter auftritt, der Rat oder Schultheiß, so tritt — zweifellos wenigstens bei Fremden — das Übersiebnen in seine Rechte ein. Von Fremden werden überhaupt nur wenige jene Vergünstigung errungen haben; denn abgesehen davon, daß ihre Zahl angesichts der fünfzig Jahre, die das Achtbuch umfaßt, eine äußerst geringe ist, konnte der Rat, der schon einfache Vagabunden für immer aus dem Stadtgebiet verwies, bei Verbrechern schon aus Gründen der Sicherheit dies Zugeständnis nur in den seltensten Fällen geben. Auch wäre dann der Bürger im Vergleich hiermit einer viel strengern Strafe verfallen, als der Fremde, für den die Selbstverbannung nur dauernden Verlust des Aufenthaltsrechtes nach sich zog.

Der Gerichtshof, vor dem die Selbstverurteilung erfolgte, be-

---

[88]) Isti sequentes viri et mulieres exclusi et excluse sunt omnes Ruffiani, kopperi et virharten cum his omnes exclusi a Ciuitatibus. ab Augusta, a Ratispona ab Eistavia ab Herbipli et a Babenberg sub ea pena sicut exclusi in illis Ciuitatibus, 6.

[89]) Alle die schulde daran habent mit worte oder mit werche rihten also vber ainen rauber, Murr II, 368.

[90]) Leukardis deprehensa in furto sentenciavit se perpetuo, de Ciuitate vel quod absque sentencia suspendatur, si decerto hic reperiatur. A.B. I, 9.

stand aus Schultheiß und Schöffen;[91]) Kläger sind hier nicht erwähnt, vermutlich, weil nach förmlicher Klaganstellung keine Selbstverurteilung mehr zulässig war. Der Beklagte ist entweder auf handhafter That ergriffen (deprehensus in furto, in homicidio) oder angeklagt (accusatus) oder nur verdächtigt (infamatus). Dem Namen ist mitunter ein besonderes Kennzeichen beigefügt.[92])

Die Selbstverurteilung findet in der Weise statt, daß der Thäter für immer die Stadt zu meiden oder eine bestimmte Zahl von Meilen von derselben zu bleiben verspricht unter dem Beifügen, daß er, wenn er trotzdem wieder im Stadtgebiet oder in einem bestimmten Umkreis um dasselbe betroffen würde, ohne weiteres Urteil der Todesstrafe, die ihm seinem Verbrechen nach schon jetzt von Rechts wegen gebührt, verfallen sein wolle.[93]) Manchmal wird noch eine Frist gewährt, nach deren Ablauf er die Stadt verlassen muß.[94]) Der Verbannung unterliegt auch regelmäßig die Ehefrau desselben; nach seinem Tod ist ihr die Heimkehr gestattet, es müßte denn lebenslängliche Verbannung besonders ausgesprochen sein.[95])

Schließlich wird das Urteil durch die Schöffen bestätigt und durch Eintrag in das Achtbuch beurkundet, wo bisweilen die Unterschrift der anwesenden Schöffen beigesetzt wird.[96])

Das Recht auf Tötung ist also keineswegs erloschen, es lebt wieder auf, sobald der Verbannte sein Gelöbnis bricht.

Als Verbrechen, welche die lebenslängliche Selbstverbannung begründen, finden wir neben den gewöhnlichen Ungerichten wenig neue, Diebstahl am meisten vertreten. Totschlag und Mord scheinen bereits unterschieden, ersterer vornehmlich die Tötung in der Fehde zu bedenten; besonders hervorzuheben ist die „interfectio sine diffidatione in nova pace“ d. h. ohne Fehdeankündigung nach Friedensgelöbnis der Parteien.[97])

---

[91]) Sub Berhtoldo phinzingo tunc temporis sculteto in presencia scabinorum infra scriptorum et aliorum multorum, A.B. I, 8.

[92]) Mancus, A.B. I, 18; non audiens, 8; der beschorne, 14; heila uxor dritthalbes Zentner, 20.

[93]) Hedewigis suspendatur si infra decem miliaria reperiatur, 9; swa man sin in dem zil dergrifet, daz man von Im richten schol ane vrteil, 12.

[94]) Heinricus sentenciavit se de Ciuitate a festo penthecostes proxime venture, 9.

[95]) Baader, 14; sin wirtin vsagt v. d. St. ewichlich, 12.

[96]) S. N. 91.

[97]) Dietel, quod sine diffidatione in nova pace vulneravit, 16b.

Im Jahre 1314 reinigte sich ein Bürger durch Einhandseid, rettete aber nicht das Bürgerrecht, sondern errang nur die Befugnis, als Gast in der Stadt zu verweilen,[98]) sei es, daß man von der Reinheit des Eides nicht völlig überzeugt war, oder sich der Bezichtigte anfangs der Rechtfertigung durch Flucht entzogen hatte. Ihn für einen Fremden zu halten, widerspräche der Voraussetzung zur Berechtigung zum Reinigungseid.

Betreffs der angedrohten Strafen, welche i. a. denen der H.G.O. entsprechen, ist bemerkenswert, daß mit wenig Ausnahmen das Hängen als die gewöhnliche Todesstrafe für Weiber gilt. Bei den Verbannungsfällen andrer Art finden sich auch der Verlust der Zunge, der Hand, der Augen, Turmstrafe und Verdoppelung der Verbannungszeit angedroht. Das Urteil wird hier zuweilen durch besondere Urfehde d. h. den Eid bekräftigt, weder zurückzukehren, noch sich an den Bürgern zu rächen. Auch werden für Wahrung derselben Bürgen gestellt oder Schöffen als Zeugen verzeichnet.

Wer Verbannten Zuflucht gewährt, unterliegt strenger Buße oder der gleichen Strafe wie jene, falls er nicht durch Einhandseid die Nichtkenntnis des Urteils beschwört.[99])

Das Verfahren auf Leumund.

Oft tagt des Reiches Kurie in der einflußreichsten Stadt des deutschen Südens; wie seine Vorgänger weilt auch Ludwig der Bayer gerne in ihr. Ein Freund der Städter, klugberechnender als die Hohenstaufen, in jenen ein trefflich Gegengewicht gegen das Aufstreben der Landesherrlichkeit erblickend, sucht er Nürnberg durch weitgehende Privilegien zu fördern, verleiht ihm völlige Handelsfreiheit, gibt den ersten Impuls zur Ostermesse und hiermit zum spätern Welthandel und Reichtum der Stadt; weither strömt das Volk.

Mußte es aber einerseits die regierenden Geschlechter mit Stolz erfüllen, als die ersten Faktoreien entstanden, die Zahl der Gäste

---

[98]) Jung juravit et expurgavit se a causa infamie in Judicio, data sententia, quod tanquam hospes possit exire et intrare nunquam recipiendus in Ciuitate, 6.

[99]) Baader, 15.

wie der Bürgerschaft täglich wuchs, so mußte sich anderseits nicht minder ihre Besorgnis und Wachsamkeit steigern. Denn abgesehen von der Gefährdung der öffentlichen Sicherheit, erkannten sie in dem Zufluß fremder Elemente ein nicht unbedenkliches Agens für die sichtlich aufkeimende Gärung des Handwerks gegen die Überhebung des Patriziertums.

Leichter vermochten sie sich gegen die Brandpfeile der Außenfeinde zu sichern, ihre Handelszüge vor Überfall zu schirmen, als in der Stadt selbst diesen Abhub professioneller Gauner, die überall an großen Emporieen, wo viel Gold im Flusse, viel Gelegenheit zu Trug und Raub, sich zusammenscharen, trotz eiserner Strenge niederzuzwingen.

Diese Ohnmacht fußte weniger in dem unzureichenden Sicherheitswesen, als in der Unsicherheit und Schwerfälligkeit des Ungerichtsverfahrens. Denn die Vermutung, daß dieses durch Verzicht auf Gerüfte und Handhafte verbessert sei und man sich nun leicht schädlicher Subjekte entledigen könnte, erwies sich als trügerisch, indem man einesteils zu wenig mit der Verschlagenheit jener rechnete, anderenteils sich berechtigte Klagen gegen diese Neuerung erhoben.

War es doch schon ein Wagestück zu nennen, des Thäters habhaft zu werden und ihn gefesselt vor Gericht zu bringen. Denn wo es zu erbeuten galt, sei es in offener Fehde, sei es bei niedrigem Raub, da halfen Ritter und Gauner redlich zusammen, ja der Beraubte durfte mangels andrer Helfer noch froh sein, von jenen nicht überwunden, vor den Richter geschleppt und übersagt zu werden.

Dem Bürger freilich blieb der Einhandseid, manch andern rettete die Selbstverbannung; aber wie vielen mochte man dies Vorrecht versagen! Trat dann ein Kläger auf, so kam es auf die Überzeugung des Gerichts nicht mehr an, der Richter war gemeiner Frager, der Schöffenspruch bedingt durch richtige Formerfüllung, Nachweis der Anrüchigkeit durch Achtbuch und Bannbrief selten möglich.

Aber auch dem Kläger mißlang oft die Durchführung des Schwurs, weniger, weil er durch Versprechen Verscherzung des Beweisrechts bewirkte, — indem ihm ja Holung freistand —, als weil bei Aufbringung der nötigen Helfer alle Überredungskunst scheitern mochte an der Besorgnis, damit die Rache der Sippe des

Übersagten herauszufordern. Und die Stadt konnte nicht gelassen bleiben, wenn so viele, die längst reif für Strang und Rad, ungeahndet entschlüpften und in zeitweiser Schadloshaltung nur das höchst illusorische Mittel der Ausweisung übrigblieb.

Auch war das Vertrauen auf die Echtheit des Eides, dessen formell richtige, d. h. unverzagte Offenbarung nach germanischer Auffassung als Stimme des reinen Gewissens galt, im Volke gesunken. In der kleinen Markung, wo Gehöfte an Gehöfte stieß, und sich bei geringem Wechsel der Bewohner des Einzelnen Wesen und Treiben schwer der Beobachtung der Genossen entzog, mochte der Gewissenlose oft aus Furcht vor Entdeckung vor Meineid zurückschrecken, der Verdächtige selten Helfer finden; nicht so in der Stadt bei reichem Verkehr, vielfachem Wechsel der Bevölkerung, vielverzweigter Thätigkeit des Handels, wo jeder nur auf seinen Vorteil bedacht achtlos am andern vorbeigeht. Der Wille, falsch zu schwören, zeigte sich zwar nicht häufiger als früher, die Verwirklichung dieses Willens aber zu hindern, Opfer klägerischer Voreingenommenheit oder blinden Zufalls möglichst zu vermeiden, bot mangels des Gerüstes und der Handhafte das neuere Verfahren noch weniger Sicherheit.

Hierzu trat ein drittes wichtiges Moment. Wir wissen, welch einflußreiche Stellung den Bürgern und dem Schultheiß gegenüber der Rat bereits beim Sicherheitsverfahren gewonnen. So oft es aber eine Todesstrafe zu verhängen galt, war er stets von der Laune des letztern abhängig, welcher leicht die Hegung des Gerichts verhindern oder schädliche Leute, die ja bis zu ihrer Verurteilung in seiner Gewahrsam blieben, entschlüpfen lassen konnte.

Das hauptsächlich Lästige für den ehrgeizigen Rat lag endlich in der politischen Bedeutung des Blutbanns, wodurch der Schultheiß übergeordnet als Mittelsperson zwischen Kaiser und Stadtregiment figurierte. Auch soll gerade damals der Blutbann nicht nur den Gefällen, sondern auch des Ausübungsrechtes nach dem Burggrafen verpfändet gewesen sein, dem es dadurch ermöglicht wurde, den Nürnbergern ihre Abhängigkeit durch Vorsetzung eines unbequemen Ritters fühlen zu lassen.

Die Beseitigung dieser Mißstände, volle Souveränität im Gerichtsverfahren den Bürgern, Koordinierung dem Schultheißen gegenüber, schien dem Rat nach dem Vorbild andrer Städte in der Einführung des sogenannten Leumundsverfahrens erreicht, zu deren

Sanktion der Kaiser um so leichter zu bewegen, da er den Nürnbergern durch manches Geldopfer verpflichtet war und ja an den Gefällen des Schultheißenamtes hierdurch keine Minderung eintrat.

Wohl mochte sich bei entscheidender Tagung im Senat angesichts der bedenklichen politischen Zeitströmung gegen die Geschlechter manche Stimme erheben, daß das Volk in zähem Festhalten am Althergebrachten solch tiefeinschneidende Wandlung als Rechtsbruch und neue Überhebung des herrschsüchtigen Patriziertums verwerfen würde. Doch die Motive waren zu dringend, die Mißstände zu groß, der Vorwurf der Neuerung durch Hinweis auf den Vortritt der Kirche und Reichsgesetzgebung leicht entwaffnet.

Endlich sollte es jedenfalls, wenn auch dem Tenor des Privilegs entgegen, vorerst nur bei Fremden Anwendung erfahren und mit dem Vorrecht des Bürgers auf purgatio famae nicht gebrochen werden.

Doch, ehe wir dies näher beleuchten, vorerst ein Streiflicht auf den Ursprung und die örtliche Verbreitung dieses Leumundsverfahrens.[100])

Im kanonischen Prozeß war der auf germanische Prinzipien fußende Reinigungseid verpönt, erst später bei Laien und höchst subsidiär bei Klerikern zugelassen. Das sich nun hieraus im 9. Jahrhundert in der Kirche bildende Verfahren auf infamatio bestand darin, daß sich der eines Frevels Bezichtigte durch Eid zu reinigen vermochte, andernfalls einer Buße und Strafe, welche stets nur poena extraordinaria, verfiel. Dies änderte sich sodann, indem man der Rechtfertigung eine öffentliche Aufforderung, innerhalb vierzig Tagen Anklage zu erheben, vorhergehen ließ, Innocenz III. endlich eine förmliche inquisitio ex officio einführte und erst nach völliger Resultatlosigkeit derselben das alte Vorrecht des Bezichtigten zuließ. Dieser Zwitterbildung kanonisch-germanischen Ursprungs entziehen wir den Reinigungseid, setzen an Stelle der poena extraordinaria die Todesstrafe und wir erhalten das Leumundsverfahren, wie es in mehreren Städten insbesondere Süddeutschlands Eingang fand.

Die erste Andeutung hiervon in deutschen Gesetzen zeigt sich in der Treuga Heinrici 1230,[101]) wo der „loimunt" per plurum

[100]) Biener, Inquisitionsprozeß 20 ff.

[101]) Pertz, Monum. Germ. Leg. II, 268.

ac meliorum illius provincie confessionem bewiesen wird, ferner in dem dem Erzbischof von Köln 1258 eingeräumten Recht[102]) „contra publice infamatos de excessibus inquirendi et judicandi etiam nullo conquerente“, was von Eichhorn als erstes Auftreten des Inquisitionsprozesses in Deutschland bezeichnet wird. Sonst war es in großer Ausbreitung durch kaiserliche und landesherrliche Privilegien autorisiert und noch im XV. Jahrhundert in Anwendung.[103]) Auf Ähnliches zielt auch vielleicht in Frankfurt das Halsgericht in verschlossener Ratstube hin: „auch were gut getan, ein privilegium zu erlangen uber das plut in der Ratstuben richten mogen.“[104])

Was nun das Nürnberger Privileg selbst betrifft, so erweist sich die von Dannreuther in die spätere Litteratur übergegangene Anführung des Jahres 1340 im Vergleich mit dem Original unrichtig, da es Ludwig bereits 1320 mit folgender Befugnis erteilt:[105])

„daz si einen jegelichen Schedelichen | man | der | in | ir | vnde in dez Gerithez Geuanchnisse zu Nurenberg kumet. mit bosem levmunde. oder kumen mogen. vnden den leip abe gewinnen mugen | also bescheidenlichen | daz die gesworen von der stat dunket | vf ir eit. daz der levmunt also swere | vf in gangen si | daz man Billicher Riche vber sinen lip | danne man ez | laze | daz er da mite den lip | verlorn habe | Wir haben in auch sunderlichen die gnade getan | vnde daz Reth geben | von vnserm kuneclichen gewalth | daz die vor genanten | vnser Burger | dez Rates | vnde die Schepfhen zu Nurenberg vollen gewalt haben | einen iegelichen ieren Burger | oder | sin kint. oder sinen frunt | oder sinen kneth daz si ervarn | vnde endilichen innen werdent daz er so gar vngeraten si | daz si dez dunket. daz er von | siner vngeratenheit Beßer tot si | dan lebendik | daz si den. der in der stat | vnde in dem Gerithe zu Nurenberg gesezzen ist | wol vrteilen mogen in einen Turn. zu buzenne dar nach. also er verworth hat. Oder in einen Sach stozen | vnde | in dem wazzer | zu tode ertrenken . . .

---

102) Biener, 139.

103) Planck, Gerichtsverf. i. M. A. I, 162; Wächter, Beiträge z. Gesch. d. d. Strafrechts, 271; v. Kries, Beweis im Strafproz., 238.

104) Kriegk, Deutsches Bürgertum i. M. A. I, 564.

105) K. Ludw. Selekt, 190 R.A.; Hist. Diplom. Norimb., 1320.

In der Bestätigung von 1341 findet sich noch der Zusatz: „oder einen andern todt anzulegen, darnach sie zu rath werden." [106])

Vor allem kann das Verfahren nur für kurze Zeit, d. h. bis zur Einführung der Tortur in Betracht kommen, welche Meisterlin — was allerdings nicht stichhaltig. — schon bei Schilderung des Aufruhrs von 1349 erwähnt [107]) und sich nach den Rechnungsbüchern in den siebziger Jahren bereits einer wahrhaft banausischen Anwendung erfreut.

Über das Wesen desselben sehen wir die Wissenschaft in heftigen Streit entbrannt: [108]) Während Roßhirt von Willkür spricht, Biener und Köstlin von Richten auf bloßen Verdacht, ähnlich Malblank und Zöpfl, welcher daraus folgert, daß Rat und Schöffen bei genügenden Indizien sofort und ohne Geständnis die Todesstrafe verhängten, v. Kries endlich es diskretionäre Gewalt seitens des Rates nennt und daß Gemeingefährlichkeit allein zur Verurteilung genügend, setzt Planck gewissenhafte Erkundigung der Ratmannen voraus, Hälschner Überzeugung des Gerichts ohne Gebundensein an bestimmte Rechtsregeln, glaubt Wächter darin lediglich die Befugnis enthalten, nur auf solche Beweisgründe hin zu verurteilen, nach denen die Schuld zweifellos, und demgemäß Brunnenmeister, daß in allen Fällen, wo bloße Anzeigen vorlagen, die Erlangung des Geständnisses von souveräner Bedeutung und deshalb die Folter bald allgemeine Regel wurde.

Zu besserer Illustrierung des Nürnberger Verfahrens zunächst eine Verordnung aus einem Gesetzbuch des 14. Jahrhunderts: [109])

„Wer es das ein Mensch gefangen würde, vmb solchen Leimut, der jhme an seinen Leib ging, so soll der Richter vnd die Schöpfen, vnd der Rath von derselben Sach wegen zu einander gehen, an den Rath, vnd soll der Richter der den Pann hat, fragen yeden Mann besunder auff seinen Aid, was jhme gewissen sey vmb den Leimut, vnd könten sie sich deß nitt verainen, das jhnen vmb den Leimut

---

[106]) Hist. Dipl. 1341.

[107]) Hegel, Städtechron. Nürnb. III, 140.

[108]) Roßhirt, System und Gesch. d. d. Strafr., 145; Biener, 139; Köstlin, Gesch. d. d. Strafr., 186; Malblank, Gesch. d. peinl. Gerichtsordnung, 65; Zöpfl, Das alte Bamberger Recht, 144; v. Kries, 240; Planck, I, 160; Hälschner, Preuß. Strafr., 65; Wächter, 271; Brunnenmeister, Quellen der Bambergensis, 29.

[109]) Stromer, Gesch. d. Reichsschultheißenamts, 43.

also gewissen were, so möchten sie sich darumb Acht Tag wol erfaren, oder vnz auff den negsten Rath, vnd wann der Leimut also erfaren wirdt, so best man mag, so soll der Richter aber fragen, yeden mann in offenem Rath, wie es jhme gewissen sey, vmb den Leimut, vnd wann man den Leimut also verhört, so soll der Richter, der den Pann hat fragen, Ob Er besser Todt oder Lebendig, Theilen sie das Er besser Todt sey, dann Lebendig, mitt der mehrern meng Raths vnd Schöpffen, so soll man jhn für Gericht führen, vnd vber jhn verpurgen, vnd ihn ansprechen, vmb sein missethat, jn welchem Leimut Er ist."

Hieraus geht nicht von vornherein eine konkurierrende Gerichtsbarkeit des Rates hervor, sondern primär ein Zusammenwirken von Schultheiß, Schöffen und Rat und erst in Konnex mit dem später genauer anzuführenden Privileg von 1323,[110]) wonach der Rat an Stelle des Schultheißen im Notfall einen andern zur Ausführung des Blutbannes substituieren darf, bei Versagen des letztern ein selbständiges Handeln des Rates. Hierdurch wurde jener thatsächlich in den Schatten gestellt, er war zwar berechtigt zur Hegung des Gerichts, doch nicht mehr unumgänglich notwendig.

Das Verfahren ist gleichsam eine Vorverhandlung von einem erweiterten Schöffenkolleg, doch nicht analog der Vorentscheidung vor dem Stadtgericht in Bamberg, bevor es an die Zent gelangt, wo es sich ja nicht um Feststellung des Urteils, sondern lediglich der Berechtigung zur Verhaftung handelt. Es ist jenes so zu denken, daß sich der Rat in irgend einer Sitzung, nachdem in der Sache eines Gefangenen vielleicht so und so oft referiert und das Urteil angeregt war, für Leben oder Tod entschied und letzternfalls den Schultheißen oder den vom Rat erkorenen Substituten berief, um nochmals in solenner Weise und unter Benützung der Form des accusatorischen Schlußverfahrens das Urteil zu bestätigen. Es findet in offenem Rate statt, der Richter bleibt gemeiner Frager, der Charakter der Urteiler aber hat sich geändert: Man fragt jeden auf seinen Eid „was jhme gewißen sey umb den Leimut". Früher richtete sich das Votum der Schöffen mechanisch nach der richtigen Formerfüllung der Partei; jetzt zu eigner materieller Wahrheitserforschung verpflichtet, sollen sie auf ihren Eid, nach innerer Überzeugung über die Schuld des Beklagten erkennen. Der Leumund

---

110) S. n. Kap.

muß ihm ferner an seinen Leib gehen, d. h. es muß ein Ungericht in Frage stehen; also nicht Schädlichkeit id est Gemeinfährlichkeit allein berechtigt zu solchem Vorgehen. War die Sache noch nicht entscheidungsreif — was, wie gesagt, selten eintreten mochte, — so fand Wiederholung der Prozedur in der nächsten Sitzung statt und bis dorthin weitere Nachforschung.

Wie erfolgt nun diese, was gilt als Beweismittel? Das Privileg schweigt darüber und deshalb die schlimme Deutung durch die Wissenschaft, als ob allein die öffentliche Meinung als Richterin gegolten hätte und durch sie auch grundlos Verdächtigte völlig dem wahrhaften Thäter gleichgestellt worden wären.

Das Privileg war, wie ja meistens, vom Bedachten d. h. vom Rat verfaßt, der Kaiser gab lediglich Kopf und Fuß dazu. Wenn man erwägt, wieviel Mühe und Opfer die Erringung solcher Rechte oft beanspruchte, wieviel Zwist und Kampf aus unklaren Verbriefungen erwuchsen, so ist es vom Rat nur politisch zu nennen, wenn er die erstrebten Machtbefugnisse möglichst schrankenlos setzte, abgesehen davon, daß diese bereits an andern Orten in gleicher Weise eingeräumt waren und man überhaupt von dem nötigen Umfang der Beweismittel, der sich ja erst aus der Praxis ergeben sollte, eine nur höchst dunkle Vorstellung besaß. Die einzige Beschränkung fußte also darin, daß die Urteiler auf ihren Eid, nach innerer Überzeugung erkennen mußten.

Während nach dem Limburger Privileg (1498) „wahrer Schub, gichtiger Mund oder Leumund, ihr selbst Bekenntnis" als maßgebend erschienen, hatten in Nürnberg mehr als hundert Jahre vorher die bunten Normen des Indizienbeweises roh und systemlos nach und nach, ohne ihn völlig zu verdecken, den hinfälligen Bau des alten Verfahrens überwuchert, bis man an verständiger Sichtung verzweifelnd nach dem Vorbild spanischer Ketzermeister zum radikalen Schutzmittel gegen richterliche Gewissensskrupel, zur Folter seine Zuflucht nahm. Freilich mochte, wie durch jede neue Kur, auch durch das Leumundsverfahren, wo man sich fast ohne theoretischen Halt lediglich auf eignes Ermessen, die Praxis andrer Städte, das Votum des Stadtjuristen und last not least des — Nachrichters stützen mußte, manch minder bedenklicher Patient ein drakonisches Ende erfahren. Aber mag man auch von tumultarischem Richten dieser Periode sprechen: Dies summarische Verfahren war jedenfalls harmloser und verzeihlicher als das zwei Jahrhundete später, wo die altbewährte deutsche Methodensucht und Systemmacherei bei Handhabung der Folter ihren Gipfelpunkt erstiegen. Und wenn Roßhirt mit Will beklagt,[111]) daß damals den Nürnbergern manch edler Ritter zum Opfer gefallen, ja selbst unritterlich mit Brand und Rad gerichtet ward, so muß man bedenken, daß sich diese edeln Ritter vom gemeinen Straßenräuber vulgo „Staudenhecht“ nur durch Roß und Rüstung schieden. Auch kann man hier fast nie von Richten auf Leumund reden; denn wenn man bei den meisten die Vorjahre in Chronik und Stadtbuch verfolgt, so war ihr Gang zum Rabenstein durch viel Bürger- und Bauernblut vorgezeichnet.

Welchen Beweismitteln also außer Urgicht und Schub vor Einführung der Tortur der Vorzug ward, darüber zu urteilen ermangeln wir urkundlicher Bezeugung. Nach den uns zunächst liegenden Rechnungsbüchern nehmen die täglich in großer Zahl und nicht nur zu Kriegszwecken beorderten Boten eine bedeutende Stelle ein, woneben wohl belohnte Denuntianten und Zeugen maßgebend, die Aussage von Mitgefangenen, Gerichtszeugnis, Acht- und Urfehdbuch, in denen sowohl böser Leumund als auch handhafte That verzeichnet wurde, abgesehen davon, daß sich der bekannte Folterparagraph des Schwabenspiegels (L. 375, III) vielleicht doch größerer Sympathie erfreute, als man nach den Verboten andrer Stadtrechte dieser Zeit vermuten sollte. Jedenfalls spielte auch, was die Herbeischaffung von Beweismitteln betrifft, der Kläger eine Hauptrolle.

Erscheinen die so auf vielfachem Wege erholten Erkundigungen zur Richtung nicht genügend, so tritt Freilassung oder Verbannung ein.

Durfte der Rat schon bei Leumund das Urteil fällen, um so mehr bei handhafter That, wo er von der Schuld von vornherein überzeugt war. Zwar blieb dem Kläger, solange der Blutbann nicht vollständig an die Stadt fiel, zweifellos das alte Übersagungsrecht vor dem Schultheißen, doch wäre es thöricht gewesen, das Risiko des Unterliegens auf sich zu nehmen, statt dem Rat alle weitere Mühe, und wenn sich die Anklage nicht gerade als böswillig erwies, auch die Kosten aufzubürden. Auch wird dieser in dem Fall, daß er den Thäter in Stadtgewahrsam hielt, schwerlich

---

[111]) Roßhirt, 145.

zu bewegen gewesen sein, ihn auf die Gefahr der Freisprechung hin auszuliefern, besonders nach Einführung der Tortur.

War in andern Städten Frankens, wie in Würzburg, das Übersiebnen noch bei Beginn des XVI. Jahrhunderts in Übung,[112]) so verschwand es in Nürnberg bald nach Einführung des neuen Verfahrens. Einen einzigen Fall — die Verurteilung eines 1498 im Frauenhaus verhafteten Gotteslästerers zu Verbannung — wäre man versucht anzuführen: „Derselben frawen siben warn auf dem rathaus, sagten uber in" berichtet Deichsler.[113]) Doch handelt es sich hier wohl um ein gewöhnliches Zeugnis, das von den gemeinen Töchtern, die sich ja, so oft es ihre Hausehre zu wahren galt, mit besonderem Nimbus zu umgeben pflegten, in solenner Weise abgelegt wurde.

Auf die von Brunnenmeister citierten Beispiele dürfen wir uns nicht beziehen, da diese ein Übersiebnen in andern Städten betreffen,[114]) für die Form des Verfahrens aber der Ort der Richtung maßgebend war, wie z. B. die Anfrage Nürnbergs an Forchheim zeigt, „ob man den Liechtenburg übersiben müsse",[115]) oder die auswärtigen Vollmachten im Halsgerichtsbuch: „nach weis v. form wie das zu recht v. nach gewohnheit des Reichsgericht zu Nürnberg aller bestendig ist v. formlichst geschéen soll."[116])

Was nun den zweiten Teil des Privilegs betrifft, aus welchem früheren Autoren die Nürnberger als wahre Wüteriche hervorgingen, die sich jedes mißratenen Burschens durch Säckung entledigten, so darf dieser ebenfalls nicht so wörtlich genommen werden. Er bezeugt nur, daß dem Rat, wie über Fremde, in gleicher Weise peinliche Gerichtsbarkeit über die eignen Bürger zustehen sollte.

Turmstrafe tritt oft in Anwendung, um Ungeratene oder Geistesgestörte auf Bitte und Kosten der Verwandten zeitweilig unschädlich zu machen. Sie erscheint überhaupt als Vorrecht in Fällen, wo

---

112) Rockinger, Sitzber. d. Akad. phil.- philol.-hist. Kl. 1872, H. 2. 186.

113) Hegel, V, 598.

114) Brunnenmeister, 67.

115) Hegel I, 367.

116) H.G.B., 18; so läßt der Rat 1466 einen Pfleger zu Füßen verhaften, dem vom Bisch. v. Augsb. ein Rechtstag gesetzt wird. „Dieweiln nun nach gestalt deß Gerichts der Übeltäter zu übersiebnen mit Leuthen, die an der Klag weder Teil noch gemein haben," fordert N. die beteiligten Städte auf: „Alß soll ein jede Stadt sechs Persohnen auf des Raths zu N. Kosten abordnen, Ann. 1466.

für Fremde Ausweisung eintritt, teils primär, wie bei Ehebruch, teils subsidiär, bei Nichterlegung einer Buße.[117]) In diesem Privileg handelt es sich aber hauptsächlich um die an die Stelle der Todesstrafe tretende ewige Gefängnisstrafe, ebenfalls eine Vergünstigung für Bürger, die ihnen jedoch keineswegs gewährt werden mußte und bei der keine Kürzung durch Gnade möglich war. Sie mußten hierbei trotz der lebenslänglichen „Einmauerung" noch Urfehde schwören.

Auf Säckung wird öfters erkannt, besonders, wo es stehende Norm, wie bei Bigamisten und seit 1515 bei Frauen.[118])

In Leumundsfällen verbleibt den Bürgern bis zur Einführung der Tortur und anfangs noch während des Folterverfahrens in der bekannten beschränkten Weise der Reinigungseid; seit Beginn des XV. Jahrhunderts wird überhaupt gegen Bürger nicht viel milder, als gegen Fremde verfahren.

Das Schlußverfahren vor dem Schultheißen oder Substituten des Rates und den Schöffen unterscheidet sich von dem spätern, nach Einführung der Tortur normierten dadurch, daß die beiden Schöffen, welche hier das Geständnis des Armen auf Amtseid bezeugen, dort, nachdem vorher das Privileg verlesen und die Befugnis des Rates vom Gericht bestätigt, erklären, daß dieser auf Richtung erkannt — alles natürlich nur, wenn der Arme nicht gesteht —, ferner daß man „vber einen verleumuten man mit dem Schwert richt", was ja als mildeste und zugleich ehrliche Todesstrafe gilt.[119]) Ob übrigens hier das Urteil des Rates derart unfehlbar, daß sich der Arme am Rechtstag nicht noch durch gewichtigen Gegenbeweis zu ledigen vermag, ist nicht zweifellos.

Was die hier einschlägigen Verbannungsfälle des ältesten Achtbuches angeht, so zeichnen sie sich durch mitunter sehr umfangreiche Urfehden aus, die mit verschiedenen wunderlichen Versprechungen gewürzt — Gebote und Verbote, die Besserung des Thäters bezweckend, sowie dessen und seiner Familie wirtschaftliche Zukunft regelnd — „vor den schulthaizzen vor dem Rat v. den

---

117) S. Verurteilung, II. Per.

118) Wer mehr als ein Weib nimmt, den soll man ertränken, Alt. Stat., Ann. 1360, s. a. u. 1419, 1447 etc.

119) H.G.O. II, 14.

genanten v. den schepfen" geschworen und durch Bürgen bekräftigt werden.[120])

Als Strafe findet sich auch hier häufig die Säckung angedroht, einmal die lebenslängliche Turmstrafe und die Räderung; 1335 wird eine Frau verbannt unter der Drohung „daz man sie durch die zene brennet", 1336 zwei „bei der zungen durch den nakk".[121])

Auch ein Geständnis vor den Schöffen wird erwähnt.[122])

Das gegenwärtig unauffindbare, von Lochner im Auszug edierte Achtbuch aus der Zeit Karls IV. scheint, soviel man aus den gedruckten Fällen schließen kann, nichts Interessantes bezüglich des Verfahrens zu bieten.

So viel über diese Periode. Daß sich übrigens das Leumundsverfahren keines dauernden Regimentes erfreute und sich für die Folgezeit Zöpfls Vermutung, daß in Nürnberg Indizien zur Richtung genügten, nicht bewährt, da später das Geständnis des Thäters -- nach der Folterung „frey und ungepunden" abgelegt — als unerläßliche Vorbedingung zur Verurteilung gilt und dieses noch manchmal auf Glaubwürdigkeit geprüft wird, ist im Verlaufe nachzuweisen. Vorgreifend nur noch ein gewiß nicht uninteressanter, weil in die Entstehungszeit der Bambergensis fallender Ratsbeschluß von 1503:[123])

„Als Benedict reiffenwerdt vnder schultheiß zu Bamberg auff ein Credenz von vnsers gnedigen herrn zu Bamberg werntlichen

---

[120]) Seitz der Ebner hat geswορn. . Des ersten vrfehe gen aller meniclich. vmb alle sache, die im ist widervarn ez sei vmb gevanknusse oder wie ez ist genannt. . Vnd daz er ewiclich ze Nurnberch Swert. mezzer. vnd alle schedliche waffen v. wer nich tragen sol. vnd wer auch ob er deheinen Burger von Nürnberch stechen oder slahen wölte. weret sich der wider in v. sleht oder stichet in ze tode oder wundet oder lemet in. der ist im v. dem Rihter v. der Stat v. nieman niht bezzerunge dar vmbe schuldik noch seinen freunden. v. seine freunde suln den auch nith feinschaft dar vmb tragen. v. darzu haben die Burger v. der Schultheizz ir gunst gegeben. . Vnd ob er dieser sache keinen vberfver. v. des vberkomen würde mit zwain geswornen die ez haben gehört oder gesehen. . so hat er sich selber geurteilte ewiclichen ein den turn. A.B. I. 15.

[121]) Heil de Eger exclusa perpetuo sub pena sacci et submersionis, A.B. I, 20b; Ulricus Rabenolt s. p. Rotationis ad ultimum supplicium 14; Slufflinne daz man sie durch die zene prennet, 23; der peurwischerinne (?) ewiclich bei der zungen durch den nakk, 23.

[122]) Agnes zwai iar bei einer hant vmb ein dyepthait hete si getan auf eine frauwen v. dez bekant si vor den scheppfen, A.B. I, 22.

[123]) Rtb. VIII, 7 St.A.

Räten vor ein erbern Rat erschienen ist vnd begert hat, Hannsen Newsesser vmb sein verhandlung wiewol er der nicht bekanndt doch auff fürprachte kundtschafft peinlich zu rechtfertigen vnd ernstlichen rechttag zusetzen, Ist nach gehegtem Rat bey den gelerten vnd das es in Nürnberg der massen nicht herkommen sonnder allein auff ains yeden bekanndtnuß geurtailt worden, Ist ertailt Benedict reiffenwerdt ains Rats beschwerden anzezaigen mit dem erpieten Man will den gern weytter zu red halten v. mit marter angreiffen, wiewol Im dauor zu vilmalen wer geschechen vnd sein mit der marter nicht verschont als er das gut wissen hab, wurde er dann wie uor nicht bekennen, das, des er beschuldigt sey. So kann ein Rat auß Iren geprauch nicht geen das mög er den Räten mit dem pesten anzaigen v. Sy pitten solhs erpietens gesettigt ze sein." [124])

Das Klagen von Rats wegen.

„Der Löw ist das Recht, der schreyet an
„In Eißern Band manch schädlichen Mann. [125])

Schon in Rom treten öffentliche Beamte auf, die irenarchi curiosi, stationarii, welche unabhängig vom Verletzten, jedoch verantwortlich für den Klagebeweis, den Thäter verhaften und mit dem Elogium — der ersten Vernehmung — dem Richter überliefern. [126]) Bei den kanonischen Sendgerichten, welche der Bischof in seiner Diöcese über Geistliche und Laien anordnet, finden sich Sendgeschworne, beeidigte Männer, welche ohne Beweispflicht, was sie Rügbares vernommen, melden. [127]) Ähnliche Unterbeamte besitzen die Komites und Centenarii der fränkischen Kapitularien, nach den Kap. Caroli Calvi ist sogar jeder Unterthan rügepflichtig. [128]) —

---

[124]) Der Rat erbietet sich hierauf, ihn „sein leben lang In verwarung zehalten auff seiner gnaden zimlichen costen. . . Darauff haben die Bambergischen räte ain geschwindte v. verzickte antwurt geschrieben mit dem anfange Wo Newsesser vber Ir angezaigte kundtschaft v. sein selbs bekandtnuß ledig gelassen würd, könndten sie nicht weigern, Rp. 1504, I, 31.

[125]) Lochordnung in Waldau, Neue Beitr. z. Gesch. Nürnb. I, 432.

[126]) Klenze, Lehrb. d. Strafverf., 28; Biener, Inquisitionspr., 13.

[127]) Biener, 33.

[128]) Biener, 130, 132.

Alle diese aber besitzen nicht den Charakter öffentlicher Kläger, übersteigen kaum die Voraussetzung gewöhnlicher Denuntiatoren. Das sogenannte Klagen von Amts wegen ist lediglich deutschrechtlichen Ursprungs, in der Eigenart des alten Verfahrens wurzelnd, welches ohne Kläger keinen Richter kennt.[129]) Es greift, teils aus Gründen des öffentlichen Wohls, teils um den Entgang von Gerichtsgefällen zu verhindern, stets Platz, wenn ein Übelthäter gefangen und kein Kläger gegen ihn in die Schranken tritt.

So im Blutrecht von Bacharach, im Bamberger Stadtrecht, im Freisinger Recht, im Bayrischen Landrecht (1471), wo mangels eines Verwandten oder Klägers überhaupt der Richter oder Landesfürst eintritt; noch unabhängiger tritt die Klagebefugnis des Richters auf im schon genannten Kölner Privileg (1258), in mehreren Reichsgesetzen, wie in der Const. contra incendiarios (1187), der Gerichtsordnung zu Speier (1328) u. a.[130])

Auch in Nürnberg besteht nach den Polizeiordnungen diese Institution, wo in solchem Fall der Schultheiß als Kläger fungiert.

Bald nach Sanktionierung des Leumundsverfahrens jedoch entsteht ein neues Amt, indem — als notwendiges Requisit zu jenem — der Rat das Recht erhält, für ständig einen Mann zu erkiesen, der bei Versagen des Schultheißen die Rolle des Richters und öffentlichen Klägers übernimmt.

Die hier in Betracht zu ziehenden Privilegien datieren aus den Jahren 1323, 1331 und 1370.[131])

Das erste von Kaiser Ludwig bestimmt: „ob das wer, daß der Schulthaiß von der Stadt über schedlich leut nicht richten wollt, daß dann Albrecht der Resch allen den Gewalt v. alle die Recht haben soll über schedlich leut zu richten v. sie ansprechen mag v. anklagen von Recht, wann wir ihn den Bann dazu verliehen haben, v. den gewalt geben, wann er auch darzu komm, daß er über einen oder mehr schedlich leut richten solt oder sie ansprechen, so mag er klagen über des Reichs, des Lands v. der Stadt schedlichen Mann v. soll v. mag mit der ansprach in nach Recht überwinden v. auch hinz ihm richten, were auch daß der . . . nit fug sein . .

---

[129]) Jus est, quod Advocatus nullum incuset nisi Actore praesente, Heineccius, Script. Rer. Germ., II, 120.

[130]) Klenze, 39; Biener, 145.

[131]) Histor. Diplom. Norimb. 1321, 1331, 1370.

v. sie einen andern an sein stat nemen, dem geben wir auch allen den gewalt. ."

Er und seine Nachfolger erhalten also die Befugnis als Richter (d. h. wohl mehr als Vollstrecker, wie als Frager) und als Kläger aufzutreten, und, um seine Öffentlichkeit zu bezeugen, soll er nicht mehr, wie es früher Sitte, über seinen schädlichen Mann (s. H.G.O. I, 63), sondern im Namen des Reichs, des Landes, der Stadt klagen. Sie sind hierfür thatsächlich mit dem Blutbann belehnt. Unzutreffend ist die Vermutung, daß es sich hier um Aufstellung von Vizeschultheißen handle für die Zeit, wo der Burggraf mit Verpfändung der Gefälle des Amts auch das Ernennungsrecht besessen haben soll, denn unabhängig hiervon fungieren sie als Substituten des jeweiligen „kaiserlichen" Schultheißen. Konnte man ferner beim Leumundsverfahren noch zweifeln, ob der Rat auch bei handhafter That urteilsberechtigt sei, so tritt hier die Erlaubnis, Richter und Kläger zu ernennen, für alle Fälle ein. 1331 folgt eine allgemeine Bestätigung ohne Namensnennung, 1370 wird durch Karl IV. „Albrecht Lewe genannt" hierzu beordert, welch mystische Persönlichkeit, die Müllner übrigens Albrecht den Löwen nennt,[132]) eingehendere Besprechung verdient.

In manch andrer Stadt, wie in Magdeburg und Bremen, findet man den Stadtmeister oder sonst einen Diener des Rates mangels eines Privatklägers oder wenn es der Republik besonderes Interesse erheischt, mit der Funktion eines städtischen Vertreters betraut,[133]) nicht minder deutet manche Vollmacht des Halsgerichtsbuches darauf hin:[134]) „haben wir verordent vnd bestelt zu Vnnsern volmechtigen Anwalt Heintzen Sneider gemeiner Stadt Bamberg geswornen anclager;" auch der Stadtkläger der Radolphszeller Ordnung ist wohl hierher zu rechnen.[135]) Einen Stadtanwalt aber als öffentlichen Kläger im vollen Sinne des Worts, der fast ausnahmslos ohne Rücksicht auf den Verletzten am Rechtstag Klage erhebt, finde ich, wenn auch erst gegen Ende des XV. Jahrhunderts allein für Nürnberg verbürgt.

Seines Zeichens ist dieser Löwe ursprünglich Marktmeister,

---

[132]) Ann., 1370.

[133]) Planck, Gerichtsverf. I, 162.

[134]) H.G.B., 18.

[135]) Brunnenmeister, Quellen der Bamberg., 216.

dem Markpfänder unterstellt,[136]) zeigt aber daneben auch in andern städtischen Angelegenheiten eine äußerst vielseitige Thätigkeit. Während er in seiner ersten Eigenschaft die umfassendste Markt- und Holzpolizei ausübt, totes Vieh und Unrat aus der Stadt schafft, kranke Schafe, verdorbne Häringe, Öl oder Safran mit dem Brand richtet,[137]), die Löwentrommel schlagend, „schädlich Weingemechte" in die Pegnitz fährt oder Spielern die Tische umwirft und die Würfel nimmt,[138]) begräbt er anderseits verunglückte Personen, verbrennt Selbstmörder, verruft bei Brandmarkung, Pranger und Richtung die Übelthat, führt Lästerzungen mit dem Lästerstein unter Paukenschlag um den Markt, erteilt den Lochschilling, peitscht Ausgewiesene und Narren aus der Stadt und ist — Hauptgehilfe des Nachrichters bei Tortur und Exekution.[139])

Zugleich versieht er, so unglaublich es auch klingt, bei Versagen des Schultheißen die Stelle des Richters und Klägers, als solcher anfangs nur bei Fehlen des Privatklägers und oft durch andre Ratsbevollmächtigte ersetzt; seit den Halsgerichtsbüchern (d. h. 1487—1526) ist er unbeschränkter öffentlicher Kläger am Rechtstag in fast allen Fällen, als welcher er mit Annahme der letzten Halsgerichtsordnung in den Urteilen verschwindet.

Was seinen Namen betrifft, so leitet ihn Schmeller davon ab, daß er, wie es in Sachsen Brauch, nach gesprochenem Urteil Zeter über den Malefikanten schrie, was ich für Nürnberg nicht bezeugt finde, nur hie und da ein Verrufen und Auspauken nach der Exekution. Leicht wäre denkbar, daß diese Bezeichnung, wie in

---

[136]) Auch ein vffehen vf den pfänter zu haben v. Im gehorsam zu sein, Rtb. V, 207, K.A.

[137]) Dem pfentter v. leben zu vnderrichten von der vischer v. Fleißhaker Irs feilhaltens vor der Appotheken Rp. 1471, IX. 9; dem Leben 15 β hlr. do er den mist in der stat auz hiez füren, Jahr R. I, 1382, 62; auff beger der Marckt-meyster den Newen Lewen beuelhen die Swein v. ander vihe, so auff der gassen ze geen verboten ist, einzethun Auch Straffpar Visch, Hering, Saffran v. anders das zu dem prand erteilt zu verprennen, Rtb. VI, 67 K.A.

[138]) Ann. 1597; den lewen v. den Stattknechten befelhen die Spieltisch vmbzuwerffen v. die würffel zu nemen, Rtb. O, 162 St.A.

[139]) Dem Leben von einer Ertrunken frawn zu begraben, St.R. XVII, Nr. 1, 1471; Siebenkees, Materialien, III, 383; beym galgen vergraben v. vßpaucken Rp. 1449, XII, 3; Rtb. VI, 114 St.A.; von dem narren aws zu slahn v. zu füren dem leben, St.R. I, 33; dem züchtiger v. dem leben daz sie dreystund im loch warn v. lewt versucht, St.R. IVa, 32; d. z. v. d. l. daz sie die selben verpranten von dez vnglaubens wegen, St R. II (1378) 54.

dem oben citierten Reim, vielmehr vom Beschreien bei der Klage herrührt, vom alten Gerüfte, mit dem man den gefesselten Thäter bis zum Richter begleitete, außerdem daß er sich als vornehmster Koadjutor des Henkers bei Tortur und Richtung gewiß keines lammfrommen Charakters rühmen konnte und deshalb vielleicht vom Volkswitz mit diesem furchterweckenden Namen begabt wurde. Was die Schreibart angeht, so liest man löwe, lewe, löbe, leve, leb, meist aber lebe.

Er wird vom Rat widerruflich angestellt, erhält seinen Sold vom Streichamt, wiewohl er für jede Tortur und Exekution besonders gelohnt und öfters mit spezieller „liebung" bedacht wird, und wohnt in einem städtischen Gebäude am Steg „bei dem leben".[140])

Die erste Spur scheint das älteste Achtbuch aufzuweisen nach einem Achturteil vom Jahre 1290 (?): „Item ad querimoniam Leonis preconis (?) proscriptus est Albertus Rvphyan." [141]) Hiernach wäre er schon damals mit der Rolle eines Stadtklägers (Stadtherolds) betraut gewesen in Fällen, wo, wie hier bei Ächtung eines gemeingefährlichen Gauners (Ruffian), kein Privatkläger auftritt.

Nach dem im Privileg genannten Albrecht, der noch 1388 in den Rechnungsbüchern als lebe vorkommt,[142]) sind sie selten in diesen erwähnt, es müßten denn die als Ansprecher angeführten Ullein von Ingolstadt, Hans Erlbeck und Molitor — der auswärts von Rats wegen anklagt — zugleich das Amt des Löwen versehen haben.[143]) Wichtig ist ferner, daß 1469 Nikolaus Muffel, der oberste Losunger, „durch Adam Becken den Löwen Alß ein Dieb zue Recht angesprochen" worden.[144])

---

[140]) Lienhart mulich In seinem lewen Ambt lenger zu versuchen, Rp. 1486 IV ult. fol.; dem lebn vom streichampt 2 Pfd. hlr., St.R. II, 85b; d. l. 15 hlr. zu liebung, St.R. II, 67; steg b. d. l. sol der stat paumeister auch machen, Endres Tuchers Baumeisterb. (Litt. Ver. Stuttg. LXIV), 202, 13.

[141]) A.B. I, 2a.

[142]) Albrecht lebe vom streichambt 1$^1/_2$ Pfd., Hegel I, 273.

[143]) vllein von Ingelstat do er dem an daz leben sprach, St.R. IV, 30; 4 Pfd. 10 hlr. die H. Erlpeck verzert hat als von des abklagens von des von Wirtzburg wegen, St.R. VII, 48; die der Molitor verzert het gen Bamberg do der Techant den Rad geladen von der C. Morderin wegen, St.R. V, 31.

[144]) Muffelakt, 34; den diebe In loch wee tun v. den becken dorzu zu gebrauchen, Rp. 1475, II, 9.

Als erster im Halsgerichtsbuch ist Lienhard Mülich (Mylich) aufgeführt, der bereits 1476 „als Anwalt und beistandt“ des Peter Harsdorfer, eines Ratsgliedes, in Straubing anspricht und hierauf zum Löwen ernannt wird, worauf wir den Eintrag finden: „ze wegen ob zwei lewen zu setzen sein.“[145]) 1484 wird bestimmt: „das Löwenampt bej einer person beleiben zu lassen“.[146])

Hervorzuheben ist endlich Jorg Gareißen, bei dem (1494) folgende Ordnung eintritt:[147])

„Es ist erteilt J. G. zu einem leven auf zenemen v. denselben alleyn zu dem Ansprechen der übelteter v. zu angreiffung der gefangenen im loch zu gebrauchen v. daz er mit dem marcht nichts zethunde haben soll v. darumb Sol Im zu Jarsold gegeben werden 32 Pfd. Novi v. die Schilling im loch wie seinen vorfaren worden ist v. von dem ansprechen der vbelteter sol Im Insonderheit nichts werden, doch mag er küchelpachen v. vail haben v. sol noch ein Marktmeyster zu dem Steger gemacht werden v. zu beyden ambten aide zu verzaichnen.“

Es wird also das Löwen- vom Marktmeisteramt getrennt und der Löwe allein zu Tortur und zum Ansprechen verwendet, wofür er nicht mehr für die einzelne Leistung gelohnt, sondern einen Jahressold erhält und den Lochschilling, d. h. die vom Bestraften selbst zu bezahlende Züchtigung im Lochgefängnis, im Gegensatz zu dem vom Nachrichter erteilten öffentlichen, entehrenden Staupenschlag. Auch ersehen wir hieraus, daß damals zwei Marktmeister existierten, während Scheurls Ämterbüchlein von 1516 nur einen aufführt. Gareißen findet übrigens 1503 ein tragisches Ende bei einer Richtung in Heroldsberg, indem er mit dem Nachrichter in Streit gerät und von diesem mit dem Richtschwert niedergeschlagen wird.[148])

Das Löwenamt war wegen der hiermit verbundenen Hantierung bei Tortur und Exekution kein „erberger (ehrbarer) handel“,[149]) doch suchte dies der Rat möglichst zu mildern. So

---

[145]) H.G.B., 1; P. Harsdorffer darzu geordent den zaumender mit ernstl. Rechten zu Straubing zu rechtuertigen durch L. Mulich als Anwalt v. Jme als beistandt Rp. 1476, II, 8; Rp. 1476, III, 10.

[146]) Rtb. V, 81 K.A.

[147]) Rtb. VI, 114 St.A.

[148]) Hegel V, 665; hier wird der Lebe auch „painlein“ genannt.

[149]) Hegel V, 667.

wird 1518 den Fingerhütern befohlen, den Sohn eines Löwen bei ihrem Handwerk zuzulassen[150]) und 1520 ergeht, wohl infolge davon, daß dem Nachrichter 1510 vom Bischof Georg das Abendmahl erlaubt worden, der Beschluß:[151])

„Fritz kraus der gesworen leb die raichung des hochwirdigen Sacraments ytzo, wie er seins anzaigens vom Schaffer zu sannt Sebolt verwent (erlaubt) sey erlangen müg. Ist ertailt, das Im hinfüro von den personen, so peinlich gerechtuertigt werden kain sonder belonung mer wie bißher beschechen, sonder alle Cottember ein pfund newer haller auß der losungstuben fur ein bibel (bibolia d. h. Trinkgeld) gereicht werden."

Bei der Exekution vollführt er manches, was an des Bettelrichters Amt streift und dem Henker zu niedrig dünkt, wie 1463, wo er einen Juden mit dem Zuseil an dem äußersten Balken gegen den Wald aufzieht und ihm das Judenhütlein mit heißem Pech über den Kopf stülpt.[152]) Seit 1497 trägt er das Bahrtuch zur Richtstatt.[153])

Als Ansprecher tritt er teils selbständig auf, teils, wenn nicht ausnahmsweise eigene Vertreter, wie von Bamberg,[154]) Windsheim, gesandt sind, auf Vollmacht Auswärtiger, die oft sehr ausführlich die einzelnen Befugnisse des Löwen aufzählt.[155]) Es bleibt übrigens fraglich, ob er — allein mit dem Ansprechen betraut — nicht auch trotz auswärtiger Bevollmächtigter dies versah, und solche nur zur Vorlage des Klaglibells und Anwesenheit bei Tortur und Richtung beordert waren. Da nun der Löwe wieder durch seinen Fürsprecher, den im Urteil zuerst genannten Schöffen, anspricht, so gestaltet sich dies oft sehr seltsam, wie z. B.[156])

„der leb als anwalt Hannsen Schneyttpergs als anwalts der Wolgeborn Herrn Gottfriden vnd kraffts Grauen zu hohen Loe durch seinen fursprechen Herrn N. Grossen."

[150]) Den vingerhütern verschafft, das Sy hannßen rosenzweyd auff irem handwerk nicht hindern, sonder für redlich zulassen v. halten vngeachtet das sein vater alhie leb gewest, Rtb. XI, 299 St.A.

[151]) Rtb. XI, 469 St.A.

[152]) Collectanea (Chronikfragm. Stadtbibl.) 1463.

[153]) Rtb. VI, 349 St.A.

[154]) verordent v. bestelt haben heintzen Sneider gemeiner Stat Bamberg gesworнen anclager zeiger ditz briefs, H.G.B., 18.

[155]) S. Anklage, II. Per.

[156]) H.G.B., 7.

Halsgerichts-Ordnung I. *)

(1294?)

Wie man rihtet vber ainen mentschen.

Ain ieclich Rihter der über ainen mentschen rihten wil oder sol. der sol sich fürsehen vnd sich warnen also daz er vor den pan habe Der pan get von dem Reiche vnd der pan mac auch von rehte für das niht geraichen denne an den dritten man | Vnd ist daz ain schedlich mentsche gevangen wirt so der in dez Rihters pant komt vnd vmbe welhe tat er geuangen wirt so der in dez Rih ters pant komt. vnd vmb welh tat er geuangen ist da mac man in vmbe ansprechen || Dez ersten so er in dez Rihters pant kv met koment denne clagere die suln verpürgen dem Rihter cehen pfunt mit zwain mannen zv in daz si komen nach sinen leibe als reht sei. vnde sol der Rihter dem clager geben ainen tac in viercehen tagen vnd sol auch der clager in vier cehen tagen voluarn. tut er dez niht so ist er dem Rihter der cehen pfunde veruallen ez werde denne aufgeschlagen mit dez Rihters worte | Wenne aber der tac kv met den im der Rihter gegeben hat vnd den der clager also genomen hat. so sol der clager für geriht ko men vnde sol nemen ainen furspr

---

*) Anm. (S. 14. R. 1. Nr. 314. KA). Pergamentcodex in Folio, in braunes Leder gebunden, mit Buckeln aus Eisen. 114 Fol. Die Ordnung i. a. Fol. 86 b—89 a. Sie ist in zwei Kolumnen geschrieben. Das „A" und das „Wie man rihtet vber ainen mentschen" am Beginn der Ordnung, wie auch das „E" (Z. 300) ist rot, das „M" (Z. 310) blau. Die zwischen den Absätzen befindlichen Linien entsprechen i. O. C-ähnlichen blauen (|) und roten (||) Zeichen; die ersten Buchstaben nach ihnen sind meist rot überstrichen. Der Umlaut ist stets durch überschriebenes „e" gegeben; in zv und tvn (tvt), Cvnrat (95, 129, 250,) buche (238), blvtige (291) und mvz (312) ist das v (u) durch den o-ring bekrönt. Sehr oft tritt die Kürzung für n und er ein, wie das Wegfallen des d bei vnd.

echen mit vrtaile den sol in der Rih
ter geben. ez sol auch der clager den
fursprechen nennen mit namen.
vnd sol in dreistunt vordern nach ain
ander. ze ainem male. ze den andern
male. ze den dritten male vnd ich ger
sein mit vrtaile ‖ Vnd ist daz sin
der fürspreche niht tvn wil so sol
im ez der Rihter auch drei stunt
gebieten vnd sol sprechen ich ge
bevte evch ez ze ainem male ze
dem andern male ze dem dritten
male. vnd ger sein mit vrtail so
sol ez der fursprebhe tvn oder er ist dem
Rihter ainer freuel veruallen als
ofte er im ez gebevt. vnd wirt der
fürsprebhe vellig so sol der clager
ainen andern nemen oder den sel
ben vnd sol in ez der Rihter gebieten
als vor | Wenne er denne den für
sprechen genimt der im mit vrtail
wirt geben so sol der fürsprebhe dem
clager wandel dingen vnd alles sin
reht. vnd sol dez die Scheppfen ze
gezevgen ziehen so sol denne der für
fürsprebhe sprechen. her. Rihtere
welt ir Chunrades. wort vernemen
oder wie der clager haizet. Jr hapt
ainen diep in evrn panden der ist sin
diep vnde dez landes vnde nach dez li
be wil er chomen als im mein herren
die Scheppfen ertailent vnd er bitet
daz ir im in stellet. vnd bittet daz ir
fraget ob er in also wol geuordert hab
daz ir in im stellent sült. vnd wie ir
im in stellen sult die scheppfen sol dez
der Rihter fragen ob er in wol also ge
uordert habe daz er im in stellen sülle
vnd wie er im in stellen sülle. so süln die
ertailen er habe in wol also geuordert
daz im in der Rihter stellen sulle gepun
den vnde geuangen so sol im in der
Rihter also stellen vnd für gerihte brin
gen als ertailt ist gebunden vnde ge
uangen vnd sol auf den panden niht
komen vntz über in geriht wirt oder
mit vrtaile ledig wirt ‖ Ez schol

auch der Rihter über kainen menschen rihten er habe ze den minsten siben ge sworn Scheppfen die ze den selben gerih te gesworn sein | Wenne denne der diep also gestellet wirt für gerihte so sol der clager aber ainen fursprechen vor dern mit vrtaile als vor ist geschriben vnd den sol im der Rihter geben vnd dem Scheppfen gebieten als vor ist geschri ben so sol denne der fürspreche dem clager aber wandel dingen vnd dez sullen die Scheppfen gedenken vnd sol denne der fürspreche sprechen. her Rihter welt ir hern Chunrades. wort oder wie der clager haizet hören. der bittet gerih tes hin ze dem diebe der engagen stet gepunden vnd gevangen der ist sein diep vnde dez landes vnd ist im vnd dem lande so schedelich gewesen mit sei ner diephait daz ir billicher rihtet över seinen leip denne ir ez lat giht er im dez daz ist im liep laugent er im sein so wil er in sein överkomen wie mein herren die Scheppfen ertail ent || Ez ist auch niht not daz man den diep mit namen nenne vnde sol der Rihter dem diebe gebie ten daz er ainen fürsprechen neme vnde der sol ainen nemen vnd welhen er nimet vnder den Scheppfen dem sol der Rihter gebieten daz er sein wort sprechen in allem rehten als vor ist geschriben ob er sein wider ist. |

Wolt aber der diep niht fürsprechen nemen so sol im dez der Rihter dreist unt auch gebieten. vnde were den ne der diep wider. daz er niht wolte fürsprechen nemen so sol man dem clager rihten ze gleicher weize als ob er ainen fürsprechen neme vnd sol dem clager niht schaden ob der diep niht fürsprechen neme || Nimt aber den fürsprechen der diep der fürspreche sol im wandel dingen vnd sol laugen oder gehen der worte die man hin zv im sprichet. laugent er so sol dez clagers fürspreche spre chen. her. Rihter nv bittet her Con rat oder wie der clager haizet wan er der worte laugent daz ir fragt waz nv reht sei dez sol der Rihter fragen so suln die Scheppfen ertailen. Möge her. conrat oder wie der clager haizet bringen er selbe. sibende. vnuerwo rfener manne dev wort die er hin zv im gesprochen habe daz er die niht gesprochen habe weder durch lie be noch durch laide noch durch kai ner hande sache wan durch die gan zen warhait er sulle sein pillich ge niezzen vnd der diep engelten wenne dez die Scheppfen gefraget werdent die suln ez auch ertailen. || Ez schol auch daz Gerihte also besetzet wer den daz sich die Scheppfen niht mv̈ gen gezwaien also daz ir vngera de sei | Ez mac auch der Rihter kain vrtail gesprechen över kainen men schen daz dem clager gefrvmen mv̈ ge oder dem schedelichem mentschen geschaden mvge er sol ain gemainer frager sein || Swenne aber daz ge schiht daz dev vrtaile geben wirt so sol dez clagers fursprеche sprechen nv fragt her Rihter wie er ez nv bringen sulle dez sol der Rihter die Scheppfen fragen die suln ertailen der clager sulle ez bringen mit seinem aide. vnd mit sehs vnuerworfen mannen zv im so daz er tailt wirt so sol der fürspreche sprechen her. Rihter nu fragt wenne er daz tvn sulle dez sol der Rihter fragen die Scheppfen die soln ertailen hevte oder ze tage dez mac der clager tac haben von dem tage über vierzehen tage ob er wil. vnd sol im sein fürspreche eha fte not dingen vnd der Rihter den diep behalten die weile ob der clager wil tac haben. wil aber der clager vol uarn ze stender stat so sol sein furspre che den Rihter haizen fragen wer hern Conrat oder wie der clager haizet. den ait geben sulle vnd wie ofte ern im geben sulle dez sol der Rihter die

scheppfen fragen die suln ertailen
sein fürsprache sein fursprache vnde
als ofte er im wandel dingen. vnde
swenne daz ertailt wirt so sol der fursp
reche dem clager wandel dingen
vnd sol sprechen hin zv dem clager
habt auf die vinger vnde sprechet
nach mir | Ditz ist der ait. daz der
diep der hie gepunden vnd gevan
gen stet engegenwart ist evr diep
vnde dez landes diep vnd ev vnd dem
lande so schedelich ist gewesen mit
seiner diephait daz her. cunrat der
Rihter der engagewart sitzet bi
llicher uber seinen leip rihtet danne
er ez laze. also bitte ev got helfen
vnde alle heiligen || Ez sol dez clag
ers fürsprache dem clager vnd sinen
helfern den ait als dicke geben als
er in wandel dingen vntz er in den
ait rehte gegibt vnd si auch reht nah
swerent. | Vnde swenne der ait ge
sworn wirt so sol dez clagers fursp
reche den Rihter haizen fragen ob
er wol also gesworn habe helfen im
ander sein gezevge daz er sein pil
lich geniezzen sülle vnde der diep en
gelten also suln die Scheppfen erta
ilen er habe wol also gesworn daz
er sein geniezzen sulle vnd der diep
engelten helfen im ander gezevc.
|| So daz geschiht so sol er die seh
se dar stellen die im dez helfen swe
ren. vnd sol dez clagers fürsprache
den Rihter haizen fragen wer den
gezevgen den ait geben sulle vnde
wie ofte so suln die Scheppfen erta
ilen daz sulle sein fursprache vnde
als ofte er im wandel dinget. So
sol dez clagers fursprache in wandel
dingen vnd sol in vordern ob der seh
ser dehainer verworfen werde ob
er iht ainen andern ze stender stat
an sein stat stellen möge dez schol
der Rihter fragen vnd suln ez auch
die Scheppfen ertailen. Swenne daz
ertailet wirt. so sol der gezeuge

fürspreche in wandel dingen vnd sol sprechen habt auf die vinger vnd sprecht nach mir. || Vnd swen ne si auf gehabent so sol der diep vnd sein fürspreche vil eben war ten ob si kainen vnder den Sehsen mögen verwerfen der in dem pan ne oder in der ehte sei. oder niht ain ekint sei. die mac er verwer fen vnde sol auch daz der diep oder sein fursprehe auf in bringen ze stender stat. den pan mit dez pis chofes oder dez dechans waren briefen da mit er in den pan ko men sei. die ahte mit dem ahte buche oder mit briefen mit den er von gerihte in die ehte komen sei. den kebs sun mit zwain erbe ren mannen siner nachgebauren den ez wares gewissen sei daz sol er alles ze stender stat bringen vnd swelher mit den sachen över wunden wirt so sol der clager ainen andern an sein stat stellen ze sten der vnde swenne der clager hat die sehse die niht mögen verworfen werden. so suln si also sweren. Ditz ist der ait || Den ait den her cvnr at oder swie der clager haiz geswo rn hat över den diep der da en ga genwart stet gebunden vnde ge uangen daz der ist raine vnd niht maine also bitte ev got helfen. und alle heiligen. so sol der fürspreche den Rihter bitten fragen ob si ge sworn wol haben daz sein clager geniezzen sullen vnd der diep en gelten. dez sol der Rihter die Schep pfen fragen die suln ertailen ha be ern in also geben vnde haben si auch also gesworn als vor ist ges schriben so sol sein clager pillichen geniezen vnd der diep engelten.

| Beschehe aber ob der clager oder sein helfere die vinger vor. oder nach dem aide auf oder nider hielten vngehaizen daz sol in niht schaden

weder gein dem Rihter noch gegen nieman ‖ Ez sol auch dez clagers fürsprече den Rihter haizen fra gen. wan er dem diebe sinen leip mit rehte an gewunnen habe ob er oder sein helfer oder alle die schulde an seinem tode haben kain veient schaft von ieman dar vmbe dulden sullen. vn waz seines rehten. hin ze dem sei. dez sol der Rihter fragen die Scheppfen vnd die suln ertai len. were daz ieman dem clagere oder dekainem sinem helfer dehain veientschaft dar vmbe trüge hin ze dem solt er haben daz selbe reht ze gleicher weize als hin ze dem diebe. ‖ Vnd denne sol dez clag ers fürsprече sprechen her Rihter nv fragt wie man im nv rihten sülle dez sol der Rihter die Schep pfen fragen vnd die suln ertailen mit der wide ane blvtige hant över den Rauber mit dem swerte över den brenner mit dem fevr. över den Morder mit dem Rade. över den falscher mit dem füre. | Vnd swen ne daz ertailt wirt. so sol der fursp reche den Rihter dez Gerihtes ma nen der sol im denne ze stender stat rihten als ertailet ist.

Ez ist auch reht ob ain man an greiffet ainen schedelichen man. vnd in niht anders gevahen mac er mözze in slahen. vnd sleht er in ze tode er sol in ze Gerihte bringen vnd man sol över in rihten ze glei cher weise als ob er lepte. Er sol auch ainen besundern ait sweren daz er in lebendic niht ze Geriht mohte bringen

Man mac den clager niht ver werfen denne mit dem panne. vnd mit der ahte daz muz man auch ze sten der stat auf in bringen ‖ Ist er ain kebs kint daz schadet im niht.

Zweite Periode.

Das Verfahren bis zur Einführung der Karolina.

Stadt- und Gerichtsverfassung.

„Alles regiment unserer stat und gemainen nutzes stet in handen der, so man geschlechter nennet, frembdling und das gemain völklein hat keinen gewalt: es steet inen auch nicht zu, dieweil aller gewalt von gott und das wolregirn gar wenigen und allein deme, so vom schöpfer aller ding und der natur mit sonderlicher weyshait begabet sein, verlihen ist."[1])

Mag auch dies Wort aus Patriziermund, das die Geschlechter als von Gottes Gnaden zum Regiment erkoren und allein weisheitbegabt nennt zu einer Zeit, wo im Kleinbürgertum nicht weniger als bei den Geschlechtern Kunst und Wissenschaft eine Heimstätte fanden, selbstüberhebend klingen, so vermögen wir doch dieser auf aristokratischer Basis aufstrebenden Stadtgewalt und den Trägern derselben kaum unsre Achtung zu versagen.

Stellen wir den Patrizier Nürnbergs dem fränkischen Ritter dieser Zeit gegenüber, wie sehr unterschied sich jener nicht nur durch Wohlstand, sondern auch durch Intelligenz! Trotz seines Geburtsstolzes und ängstlichen Strebens, es an höfischem Brauch dem Adel gleichzuthun, scheute er sich, nachdem er durch weite Reisen oder Studium auf Italiens Hochschulen seine Kenntnisse bereichert, nicht, durch rastlose Emsigkeit zwischen Kisten und Warenballen seines Hauses Wohlstand zu mehren, wobei er sich als Mäcen der freien Künste und bis zum letzten Jahrhundert der Reichsstadt wenigstens in religiöser, wie politischer Beziehung keineswegs als Rückschrittsmann erwies. Die fähigsten an der Spitze, wußten sie in den zahlreichen Differenzen mit dem Reich, der Kirche, dem Adel[2]), wie auch den eignen Bürgern und Landsassen gegenüber meist überlegene Politik zu wahren. Mochten sich auch die Geschlechter im Besitz der höchsten Gewalt manch persönlichen Vorteil sichern, so übten sie doch strenge Censur unter sich

---

[1]) Hegel, Städtechron. Nürnb. V, 786; Scheurls Epistel, Kap. VIII.

[2]) Über Streitigkeiten s. insb. Siebenkees, Materialien z. N. Geschichte II, 77 ff.; Hist. Dipl. Norimb. 571 ff.; das Kap. Nemesis Litigiosa bei Dannreuther, Nemesis Norica.

selbst. Nie durfte das Einzelinteresse der Wohlfahrt der Stadt widerstreiten,[3]) Übermut und Untreue rächten sich bitter; daß hierin selbst der Höchste nicht auf Nachsicht bauen konnte, zeigt Muffels Sturz und Ende.

Nach Erkaufung der Hohenzollernburg (1427) und Erringung des Blutbannes (1459) in freier Verfügung über das Territorium der Stadt und im Besitz der Autonomie über alle Zweige der Justiz und Verwaltung zeigten sie sich stets dem Reich ergeben, ohne bei ihrer Freigebigkeit den Kaisern gegenüber ihren eignen Vorteil zu vergessen und Übergriffe derselben geduldig zu ertragen.

Von dem alljährlich an Ostern von den Kurherren gewählten Stadtregiment bieten die durch Ansehen weit hervorragenden Losunger, in Bezug auf welche „kain gehaim im gantzen regiment so groß, das vor inen verporgen oder verhalten würt", die sieben Herren Ältern, durch welche „alle gehaimnuß gehandelt und alle schwere vell zuvor beratschlagt werden", sowie die drei obersten Hauptleute weniger Interesse für uns, als der Rat in seinem Gesamtauftreten und der Teil von ihm, welcher zugleich als Schöffen fungierte.[4]) Dieser patrizische „kleine" Rat bestand aus acht alten Genannten und sechsundzwanzig Bürgermeistern,[5]) von welch letzteren die Hälfte zugleich das Schöffenamt bekleidete und je zwei in vierwöchentlichem Turnus die Ratssitzung leiteten und Bürgerhändel schlichteten. Die Arbeitslast dieser beiden sogenannten Frager während ihrer kurzen Regierungszeit war keine geringe zu nennen. Der daneben bestehende große Rat „besetzt mit eherlichen tapfern burgern" (die 200 Genannten) war völlig abhängig vom kleinen, von dem er nur in bestimmten wichtigen Fällen zusammenberufen wurde. —

„Verbis benignis et poenis asperis!" soll ein Senator Friedrich III. erwidert haben, als dieser bei seinem Einritt verwundert fragte, wie es gelänge, eine solche Menge Volkes von Aufruhr abzuhalten.[6]) Mag dieser Ausspruch auch auf Sage beruhen, so harmoniert er doch in Bezug auf die Bürger wenigstens durchaus mit des Rates Politik, während er bei Fremden, wenn nicht die ein-

---

[3]) d. h. wenigstens in dieser Periode.

[4]) Scheurl, Kap. XI, XIII, XII, II, VI, VII, III.

[5]) welche sich wieder in alte (seniores) und junge (juniores) teilen.

[6]) Wagenseil, de Civ. Norimb. Commentatio, 178.

flußreiche Sippe des Gefangenen ein milderes Vorgehen gebot, noch weniger Federlesens machte. Besondern Ernst zeigte er bei Anlässen, wo viel fremdes Volk in Nürnberg zusammenströmte, wie bei Reichs- und Städtetagen oder bei Anwesenheit des Kaisers. So erließ er 1384 „daß die so den Hauptleuten und Räten nicht gehorchen wollen, sondern Widerwärtigkeit und Aufruhr anfangen, unverzüglich sollen aufgezuckt, vom Leib gethan und auf ein Rad gesetzt werden ohn alle Urtel und Berechten".[7])

Den Bürgern gegenüber war es strenges Gebot, jede streitige Rechtssache vor des Rates Forum entscheiden zu lassen;[8]) wurde Belangen vor fremden Gerichten strenge bestraft, so durfte auch der Kläger keinem andern als dem Rate die Durchführung seines Anspruches überlassen.[9]) Gegen das Votum des Rates gab es keine Instanz mehr; entweder wies er die Klage als ungerechtfertigt ab,[10]) oder der Beklagte mußte Genugthuung leisten, oder es trat ernstliches, peinliches Verfahren ein. Thaidigung war nutzlos, wenn sie des Rates Genehmigung ermangelte.[11]) Dagegen suchte er die Forderungen seiner Bürger wegen fremder Schädigung, insbesondere dem Adel und den Städten gegenüber mit äußerster Energie durchzusetzen;[12]) um hierin zum Ziel zu gelangen, wurden weder Kosten, noch Briefe, noch Gesandte gespart.[13]) Ebenso leistete er fremden Gerichtsherren — unbeschadet seiner Rechtsanschauung — jedwede Unterstützung.[14]). Fürbitten Fremder wurden nur zu oft gewürdigt.

---

[7]) Ann. 1384.

[8]) Reformatio 1479 Tit. I, Ges. 9; s. Ankl., paulus löffler das er vmb ein geübten freuel vor den fünffen icht zu recht sten will vermainend sich seiner weih der ersten Tonsur darwider zu behelfen soll man von hynnen weysen, Rtb. IX, 140 St.A.

[9]) Eberspergerin erteilt mit strefflichen red zu vndersagen die sachen ires sons entleybung halb ymand zu vbergeben bey eins rats straff dhweil ein rat willig sey ir rechtens zu uerhelfen, Rtb. XI, 545 St.A.

[10]) Nach dem Wölfel des todslags halben zu frischer tat in gehegtem gepantem gericht in vangknuß genomen, vber jar v. tag gefängklich gehalten v. vßgelassen ist, versehe sich Ein Rat das solichs nicht one vrsache noch one sein wissen bescheen, deßhalb ein Rate nicht verstee in gepürlich wesen sich in den handel zu slahen, Rtb. II, 29 St.A.

[11]) S. Freilassung und Verurt., Rtb. V, 81 St.A.

[12]) z. B. gegen die Feme, s. u. Anklage, gegen Bamb. Ketzermeister, 1322.

[13]) S. u. Kundschaft.

[14]) Rtb. XIV, 93 St.A.

Sehen wir in der ersten Periode kein sklavisches Nachahmen fremder Rechte, sondern allein das Bestreben, die Tradition des Volksrechtes unter Berücksichtigung der Reichsgesetze und des lokalen Bedürfnisses möglichst zu wahren, so zeigt sich in dieser Periode, daß der Rat, wiewohl die neue Ära der Inquisition unwiderruflich den Bruch mit dem alten System gebot, Schritt für Schritt den tiefeingewurzelten Gebräuchen entsagte und bei manchen, ob sie auch, wie das accusatorische Schlußverfahren und das Lebendigbegraben der Weiber als widersinnig erscheinen, bis in das XVI. Jahrhundert in zähem Festhalten verharrte.

Was früher die Polizeiordnungen, sind jetzt die in den Ratssitzungen gegebenen Erlasse, die uns in bunter Reihenfolge durch Ratsprotokolle überliefert wurden. Was hiervon publiziert wurde, verkündeten Gerichtsschreiber und Büttel im Namen des Bürgermeisters und Rates [15]) von der Kanzel oder vom Rathaus herab.

Seltsam berührt es, wenn in diesen Sitzungen neben dem Aufwurf kleinlicher Dinge über die Folterung, über Leben und Tod von Gefangenen beschlossen wird; doch scheint dies einerseits durch die große Geschäftslast des Rates gerechtfertigt, anderseits, wenn man erwägt, wie bedeutend oft die Zahl der auf den Streifen Aufgegriffenen und wie lange sich die Untersuchung des Einzelnen fortzieht.

„Schwere Fell", d. h. besonders wichtige Kriminalfälle werden von den Herren Ältern vorberaten. Die Hauptthätigkeit von der Eruierung des Thatbestandes bis zur Ausfertigung des Geständnisses und Urteils für den Rechtstag ruht in den Händen der sogenannten Lochschöffen, welche unter Assistenz von Lochschreibern, des Nachrichters und Löwen die ganze Untersuchung leiten.[16]) Jeder Schritt ihrerseits, insbesondere bei Befragung und Tortur, muß indes vom Rat genehmigt werden, dem sie in jeder Sitzung über den Stand der Untersuchung jedes einzelnen Gefangenen referieren. Ihres Amtes ist es ferner (mit dem Bannrichter), das Leben abzusagen, Geständnis und Urteil für den Rechtstag auszuarbeiten, wo sie jenes durch ihren Eid bestätigen, endlich bei Freilassung und Verbannung die Urfehde abzunehmen, die Namen der aus dem Gefängnis Entlassenen aufzuzeichnen.

---

[15]) Rp. 1474, I, 8; Siebenkees, Mater. I, 55.

[16]) S. Tortur, Verurt., Rechtst.

Die übrigen (XI) Schöffen erheben unter Beihilfe der Kriegsherren das sonstige Beweismaterial und bewältigen den hierbei ziemlich lebhaften Schriftwechsel;[17]) die Vernehmung der Zeugen findet vor einem, in wichtigen Fällen vor zwei Schöffen statt. Die drei jüngsten Schöffen führen das Manuale, worin alle verdächtigen Personen, insbesondere die, welche als solche in den Aussagen der Gefangenen figurieren, aufgezeichnet werden.[18])

Sämtliche Schöffen[19]) haben das Urteil zu finden — wofür ein besonderes Beratungszimmer im Rathaus bestimmt ist[20]) — und dem Rat vorzulegen. Am Rechtstag richten sie unter dem Vorsitz des Stadtrichters über das Blut.[21]) Zwei von ihnen figurieren als Fürsprecher, zwei andre, die Lochschöffen, welche in der Ordnung des Gerichts als die letzten gelten[22]), bezeugen das Geständnis des Armen. Was die Berechtigung der Lochschöffen zur Mitwirkung bei Fällung des Todesurteils betrifft, so stimmen hierin, wie wir später sehen, die verschiedenen Ordnungen nicht überein.

Der Schöffen Votum besitzt im Gegensatz zur vorigen Periode nur formelle Bedeutung, da sie „nichts anders urthailen, dann was zuvor durch ein gantzen rath beschlossen ist. dann ein jeder ratsherr muß ein leiblichen ait zu gott schweeren, das er der maisten stim ungeacht welcher mainung er bei ime selbs sei, nachvolgen wolle."[23]) Auch obliegt den Schöffen die Entscheidung, ob ein Gefangener, dessen Auslieferung beantragt wurde, einem fremden Gerichtsherrn überantwortet werden soll.[24])

Nach den Halsgerichtsbüchern sehen wir die Schöffen selten vollzählig an den Gerichtstagen vertreten,[25]) wiewohl das Weg-

---

[17]) S. Kundschaft.

[18]) Rtb. IX, 76 St.A.

[19]) Später bilden sie mit einigen Schreibern das sogenannte Schöpfenamt, Wölckern, Comment. succinct. in Cod. Jur. Stat. Nor., 201.

[20]) Nach einer statt vmbzusehen bej dem Gericht, da ein stuben zu bauen der Schopfen Jr vrtaile zu finden zu machen, Rtb. II, 178 K.A.

[21]) S. Rechtstag.

[22]) Rp. 1474, IV, 1.

[23]) Scheurl, Kap. XV.

[24]) Hegel V, 551; Rtb. X, 264 und 29 St.A.

[25]) Im H.G.B. zwischen 13 u. 8; H.G.O. II fordert „zwen oder mer"; vier sind schon erforderlich für die Rollen der Fürsprecher und Urgichtszeugen, s. Rechtst.

bleiben von Schöffen der Genehmigung eines der Frager bedarf.[26]) Während des Halsgerichts, wie auch unter der Ratssitzung ist den Schöffen in das Lochgefängnis zu gehen nicht gestattet.[27]) Weder Schöffe noch Ratsherr soll bei gefährlichen Läuften über eine Meile Wegs ohne des Rates Erlaubnis ausreiten.[28]). Als 1494 die Meisten „der sweren Regierenden pestilentz halben" die Stadt verließen, sind sechs Genannte des größern Rats mit der Untersuchung der Gefangenen betraut worden.

Bereits in den ersten Rechnungsbüchern finden wir einen Stadtjuristen mit ziemlich hohem Gehalt verzeichnet. An seine Stelle treten später mehrere Rechtskonsulenten, deren sich der Rat in kritischen Fällen bedient und über deren Stellung und Thätigkeit Scheurls Epistel ausführlich berichtet.[29]).

Anfangs sind fünf geschworne Advokaten (vier Doktoren und ein Licentiatus) erwähnt.[30]) Nach Scheurl widmen sechs ihre ganze Thätigkeit dem Rate, vier werden aushilfsweise beigezogen und sind dafür auch befugt, Vertretungen einzelner Bürger zu übernehmen. Auch in Augsburg und Ingolstadt besitzt der Rat besoldete Konsulenten. Zutritt zur Ratssitzung erhalten sie nicht; im Bedürfnisfall erholen zwei Ratsdeputierte ihr Gutachten, sofern nicht überhaupt schriftliche Verabfassung erfolgt. 1497 wird ihre Rangordnung im Ratschlagen genau festgesetzt und hierbei erlassen: „das die doctores allein ratgeben und nit urteyler sein, auch nit vocem haben".[31]) Im Rang stehen sie den sieben H. Ältern gleich; ihre Besoldung beträgt fast 200 fl. „Darumb gepüert in auch tag und nacht zu arbaiten und nicht vil zu ruhn".

Wir finden berühmte Namen unter diesen Hochgelehrten, deren

---

[26]) So hinfüro Halsgericht gehalten werden, wo denne vf demselben tag des Gerichts eynicher Schöpff, vß redlichen vrsachen bej den Gericht nicht sein möcht So mag er das an einen Burgermeister gelangen lassen v. des beschaid von Jme empfahen, Rtb. V, 143, K.A.

[27]) Rtb. III, 222 St.A.: Es weren denne die sachen So nötlich das Jnen das von einem Rat oder bürgermeister ye zu zeitten befohlen würde v. So Sie also dermaß vnder gerichtszeitten ye in das loch geen würden Sollen Jne Jm gericht Jre gerichtszaichen gegeben werden; Scheurl Kap. X.

[28]) Rtb. Ia, 6 K.A.

[29]) Scheurl, Kap. XXV.

[30]) Hegel V, 810.

[31]) Rtb. VI, 380 St.A.; eine große Anzahl Stadtjuristen bei Stobbe, Rechtsquellen II, 60 (nach Siebenkees).

Rechtsgutachten zu Ratschlagbüchern vereinigt und trotz ihres zuweilen sehr eklektischen Charakters für die Beurteilung der damaligen Rechtsprechung von bedeutendem Werte sind. Mitunter behagten sie freilich dem Rate nicht, wie 1504, wo er den Urteilern befahl, daß „sy sich mit rechtsprechen dem alten geprauch nach halten v. sich an die doctor nichts keren". [32])

Und hauptsächlich sind es diese auf den Römerschulen gebildeten Juristen, welche im Bund mit rechtsgelehrten Mitgliedern des Rates den inquisitorischen Prinzipien Zulaß errangen. Von weither wurden auch von Fürsten und Städten ihre Rechtsgutachten erbeten, sie selbst von Rats wegen zu Reichskurien, Städtetagen und Schlichtung politischer Differenzen nach auswärts gesandt.[33])

Gelangte kein Doktor in den Rat „er sei vom geschlecht wie edel er immer woll" [34]), so war dies bis 1571 auch für den Schultheißen maßgebend, ja man ging hierin so weit, daß man auch dessen Anverwandte vom Rat ausschloß.[35])

1459 fiel der Blutbann an die Stadt, 1427 wurde bereits der Schultheiß vom Rat bestellt und verpflichtet.[36]) Der neue alljährlich zu schwörende Eid enthielt nun unter anderem:[37]) daß der Schultheiß dem Rat und der Stadt „gehorsam und gevolgig" sei, daß er ein gleicher, unparteiischer Richter sein und sich zur Besuchung rechtlicher und gütlicher Tage gebrauchen lassen wolle, in allen Sachen vor des Reichsrichters Gericht zu Nürnberg (dem Stadtgericht) zu Recht stehen und des Rates Geheimnisse verschweigen wolle. Endlich versprach er niemand zu schonen, der dem Rat und der Stadt schädlich wäre und jeden Gefangenen, den er und seine Leute gewinnen, samt der Habe dem Rat zu überantworten.[38]) Später wurde er auf fünf Jahre ernannt, wo er dann dem Rat einen förmlichen, eidlich bekräftigten Revers ausstellen mußte.[39]) Er hatte weder Anteil am Blutbann noch Anspruch auf Gerichts-

[32]) Rtb. VIII, 11 K.A.

[33]) Wilh. loffelholz v. vlr. truchses gein wirtzburg vf ein Rechtlichen tage die westualischen gericht antreffend, St.R. XIII u. Nr. V d. Allg. Ausg.

[34]) Scheurl Kap. VIII.

[35]) Stromer, Gesch. d. Reichsschultheißenamts, 57.

[36]) Hist. Dipl. 1427 Sigmund von Eglofftein zum Schultheißenambt gehorsam gethon, Rp. 1475, VIII, 2.

[37]) Stromer, 46, 47.

[38]) Stromer, 110.

[39]) Stromer, 47.

gefälle. Doch blieben ihm die Kompetenz für Zivilsachen, der Vorsitz am Stadtgericht, die Vollstreckung der Zivilurteile und Ausfertigung der gerichtlichen Urkunden in seinem und der Schöffen Namen und unter des Gerichts, nicht, wie früher, unter eigenem Insiegel.

Sein Stellvertreter war der gleichfalls vom Rat ernannte Stadtrichter, welcher aus dem frühern Unterrichter hervorgegangen und zugleich das Blut- und Bannrichteramt verwaltete. Entsagte der Schultheiß seines Amtes, so konnte er Ratsherr werden und nannte sich alter Schultheiß.[40]) Bei Vakanz wird hie und da ein Ratsglied zum Statthalter des Schultheißenamtes ernannt, „den man also in gerichtsbriefen, wo es not ist, schreiben v. setzen biß ein Rate einen andern Sch. setzt oder erwelet".[41]) Es werden in dieser Periode meist Fremde ernannt, 1486 wird bestimmt, daß jeder, der Schultheiß werden will, vorher Verwalter des befestigten Schlosses Lichtenau sein soll.

So sehen wir den Schultheiß jeglicher krimineller Bedeutung entkleidet und in völliger Dependenz vom Rate. Seine frühern Befugnisse, bei peinlichem Fragen zugegen zu sein und über das Blut zu richten, d. h. den Vorsitz beim Halsgericht zu führen und das Urteil zu vollstrecken, übernahm der kaiserliche Bann- und Stadtrichter.[42]) Letzterer blieb nach solenner Verleihung des Bannes im Amt bis auf des Rates Widerrufen.[43])

Die Behandlung der Kriminalfälle gehört nicht vor das Stadtgericht, wie dies schon aus den ältesten Ratsprotokollen und dem VII. Titel der Reformation hervorgeht, wo es heißt:[44]) Es sollen all sprüch v. vordrung ernstlichs Recht berürende. nit vor disem

---

[40]) Stromer, 56, Hegel I, Einl.

[41]) Rtb. 0, 55 St.A. (Ulrich Haller) Brb. III, 272b, Rtb. XVI, 39, K.A.

[42]) Hegnyn zu einem Richter zu nemen v. In der ordnung des Gerichts zu vnderrichten, Rtb. IV, 15, St.A.; Auff Montag Ist halßgericht gewesen Das hat Wilh. Hegnein als Statrichter besessen, H.G.B., 1; Andres Stromeir, Statrichter H.G.B., 18; s. Tortur und Rechtst.

[43]) Item so ein Richter, der den pann hat, von dem Ampt abstet oder des von einem Rat erlassen wirt, So kompt er für ein Rat und alda gibt er den pann dem Eltern Burgermeister mit der hant auf, so verleyet der e. B. den pann dem andern Richter auch mit der hant und bit getzewgen darzu im Rat, Rtb. I, 334 St.A.; Seyfriden Coler der pan vber das plut ze richten biß auff ains rats widerrufen, Rtb. XI, 336 St.A.; S. C. als Stadtrichter, H.G.B., 71.

[44]) Reform 1479, Tit. VII.

Statgericht. sonnder durch einen Rat oder ernstlichs Recht. nach eraysschung der tat außgetragen. gestrafft v. gerechtuertigt werden nach erkantnüß des Rats. Alle Frevelsachen dagegen „die aines Raths Gepot, verpot, Gesetz v. ordnung, Auch Schellt- v. schmach-wort, verleumbdung, rauffen, werffen, schlahen, verwundung, lemung, gewaltsam v. andere verhandlung antreffen" fallen seit 1470 dem Fünfergericht zu, dem die sogenannten Fünfherrn — ein Bürgermeister (Frager) und vier Ratsherrn — vorstehen, gegen dessen Urteil keine Appellation zulässig ist und vor dem keine Advokaten auftreten dürfen.[45]) Frevel jedoch, die während der Tagung des Stadtgerichts vor ihm selbst verübt werden, fallen seit 1481 diesem zur Bestrafung zu.[46])

Das Sicherheitswesen.

Ein ganz andres Bild von der Organisation des Sicherheitswesens der Stadt — zugleich einen Rückschluß gewährend auf das reiche Verkehrsleben, den großen Zuzug von Fremden — entrollt sich vor uns aus den zahlreichen Verordnungen und Erlassen des XV. Jahrhunderts. Unzählige Gebote ergehen zur Regelung der Sicherheitspflege im Innern, wie für das strikte Vorgehen bei Aufhebung von Übelthätern und bei Streifzügen im Landgebiet, in den sogenannten Fraißbezirken — Grenzterritorien von wohl rechtlich entschiedener, jedoch thatsächlich selten respektierter Gerichtsherrschaft — wo das Recht der Gerichtsbarkeit meist nur durch Prävention erzwungen werden konnte.

Auf der Kriegsstube im Rathaus tagen die Kriegsherren bei wichtigem Anlaß.[47]) Täglich empfangen sie durch Boten Kundschaft und geheime Winke über politische Vorgänge an den Grenzen, Einfälle von Plackern, Verübung von Verbrechen, ihnen obliegt es, im Einvernehmen mit dem Rat Vorkehrungen zu rascher Initiative zu treffen, die ihnen unterstellten Hauptleute der reißigen Söldner wo nötig über Ort und That zu informieren, sowie deren Berichte entgegenzunehmen. In großer Zahl ergehen durch sie

---

[45]) Ausführl. bei Wölckern, 544 ff.; s. a. Baader, Pol.O., 48.

[46]) Rtb. III, 140 St.A.

[47]) Hegel V; Scheuerl, Kap. 18.

Verordnungen und Ratschläge[48]) für Ausführung von Streifen, Aufsicht bei Jahrmärkten und Halsgerichten im Landbezirk, das Verhalten des Reißigen Fremden und der Bauerschaft gegenüber, wie sie überhaupt die weitgehendste Disziplin über die zu fortwährenden Rügen veranlassende Soldateska üben.[49]) Bei Exekutionen führen sie die Oberaufsicht, auch sind sie zur Beschirmung des Nachrichters vor Roheit des Pöbels verpflichtet; in der Stadt leiten sie alle wichtigen Aktionen der Stadtknechte, wie z. B. bei Aufruhr oder Umstellung von Freiungen zur Habhaftwerdung Flüchtiger.

In der Kriegsstube werden endlich die Fraißpfänder, sowie die sonstigen dem Mörder oder Ermordeten abgenommenen Beweisstücke aufbewahrt, ebenso die Schlüssel zum Gefängnis angesehener Bürger, bei denen zu fürchten, daß sie von ihrer eignen Familie und vornehmlich durch Bestechung der Wächter befreit werden könnten. 1505 wurde eine neue Ordnung für die Kriegsstube von den Ältern Herrn veranlaßt und in derselben angeschlagen.[50])

Wenn sie so dahintrabten die trotzigkühnen Gesellen, vorlugend unter grauen Hundsfellmützen,[51]) Schwert und Büchse am Sattel, in geordneten Trupps, zu zweien an jedem Saum der Straße, mochte nicht nur dem verächtlichen Staudenhecht, wenn er hinter Busch und Graben auf Kaufmannswägen lauernd sie erblickte, als auch manch „frumben" Rittersmann die Rauflust vergehen, mit jenen einen Strauß zu wagen. Genaueren Einblick in die Organisation solcher Streifen gewährt folgender Kriegsherrnerlaß:[52])

„Item die Reuter Sollen alle Donerstag zum Vesperleuten antziehen die nöttigsten Waldstrassen bis ein stund In der Nacht bestraiffen. Vnd die hinaußreisenden ansprechen vnd sie berichten

---

[48]) z. B. Ratschlb. 1524—84.

[49]) der frawn der man iren man dermort v. daz vnßer Soldner teten XXXII Pfd. hlr. J.R., I, 68.

[50]) Rtb. XVI, 4 K.A., Rtb. X, 287 St.A., Rtb. VIII, 165 K.A.

[51]) fünf v. zwanzig soldner, daz sie furbaz sullen haben Jr peingewant v. ir huntzkappen J.R. I. 48.

[52]) Rtschlb. 1524—84, 514 ff.; etl. vnßern Soldnern zu reyten vff die straffen von schedlicher lewt wegen do der Turrigel nach ingesant, daz schedlich lewt an dem lande weren St.R. III, 47; aht v. fünfzig Soldner do man die verlevmten lewt ving St.R. II, 49.

Warumb sie die Reuter da seyen. Damit sie sich vor Inen nit fürchten vnd solch straiffen desto mehr laut (!) werde. Den Freytag Morgens Wo sie durch Dörffer ziehen Sollen sie besehen Ob auch verdechtige leut In den Wirtsheusern sitzen und die Wirt zu warnen, Niemandt verdechtigen zesetzen. Auch den Haubtleuten befehlen. Wann zugrieff beschehe, das sie bey eins Raths straff mit der Nacheyl nit seumig seyen. Item die Reuter sollen auch die Ihenen so Inen auff der Strassen sünderlich In den Wäldern begegnen mit Fleiß Rechtfertigen Da sie annderß ein wenig verdechtig zu achtenn. V. im Fall, zwen oder mehr verdechtige den Reutern aufstossen Jeden Insonderheit rechtfertigen wer er sei, woher er khume, wohin er wölle und wie seine gesellen haißen. Wo sie dann die verdechtig weren und nit guten beschaidt geben antreffen, sollen sie dieselben zwischen sich nehmen und biß herein gen Werdt oder Gostenhof führen, daselbsten sie den Stattknechten vberantworten. Die sie fürter herein Inns Loch schaffen."

Ähnlich 1497 ein Ratsbefehl:[53]) „alle die Ihenen die in plackerei zu frischer tat betretten werden, auch die den Kriegsherren In solicher handeln glaublich und werlich verwant angezeygt, wo die im Feld ankomen, ob sie gleich nit zu frischer tat erfunden In fünf meyl wegs vmb diese Stat anzenemen und hereinzufüren."

Aus Häusern, in die sie geflohen, dürfen sie nur im Fall handhafter That genommen werden. Bei bedeutenden Verbrechen wird mitunter selbst des Geleits nicht geachtet.[54]) Was die Söldner hierbei erbeuten „von Rossen, Harnasch oder wie ez genant wer, daz derselben Rawber gewesen wer, daz soll alles der seyn, die bey der tat gewesen".[55])

Die wichtigsten Privilegien, welche die Stadt in Bezug auf Verfolgung schädlicher Leute erlangt, stammen aus den Jahren 1382, 1464, 1476, 1493, 1520.[56]). Die Befugnisse sind sehr weitgehend:[57]) „Ob aber dieselben nicht in die Stadt gebracht werden

---

[53]) Rtb. VI, 365 St.A.

[54]) Kriegsherrn vlaiß tun, ob sie den karrn Hannsen der ermordt hett betreten mögen v. sich nicht irren lassen, daß er zu Tann in gelaytt, Rtb. II, 156 St.A.

[55]) Siebenkees, Materialien z. Nürnb. Gesch., I, 91.

[56]) Hist. Diplom. Nor. h. a.

[57]) Ein Placker von zwei Söldnern, die dem westfäl. Gericht verwandt und Pörtling oder Wissende genannt werden, gehenkt, Ann. 1439.

möchten, so sollet ihr macht haben durchaus selbs oder ander, den ir vorstehet die sach befehlen wirdet, mit inen zugefaren, als ob sie in unser und des Reichsacht und Aberacht auch in poenae criminis laesae Majestatis mit vrtheil gesprochen." [58])

Keinesfalls bedurfte es viel Bittens, um diese Herren begleiten und mit Nürnbergs Folterkammer eingehendere Bekanntschaft machen zu dürfen.

Sie zerfielen in reitende und gehende Söldner und wurden oft in großer Zahl ausgesandt; bei besonders wichtigen Verfolgungen findet sich mitunter, wie z. B. bei der Gefangennahme des Plackers Marschalk (1472) ein förmliches Volksaufgebot: Der Bischof von Bamberg und Markgraf Albrecht versuchten den bereits Gefangenen den Söldnern, die sich in ein Schloß geflüchtet, wieder abzujagen. Da mahnte der Rat die Bürger, „daß Morgens um Eins gen Tag auß jeden Hauß ein Mann auf dem Marckt erscheinen sollte und ist also eine starcke Anzahl zu Roß und Fuß zusammenkommen, die mit 12 Karrenbüchsen und 200 Wägen ausgezogen, als solches Marggrafe und Bischofe gewar worden sind Sie wiederum abgezogen, ehe das N. Volk zwei Meil hinauskommen", worauf der Rat jeden der Teilnehmer mit Wein, Fleisch und Brot regalierte.[59])

Bei Halsgerichten und Jahrmärkten auf dem Lande, wo sich stets viel herrenloses Gesindel zusammenscharte, wurde die betreffende Hauptmannschaft zu besonderer Umsicht behufs Aufgreifung berüchtigter Gauner gemahnt.[60]) 1378 ist ein Streifen nach „Unglaubsleuten" verzeichnet.[61]) 1508 wurde ein Landpfleger bei sitzendem Gericht verhaftet und in die Stadt gebracht.[62]) 1452 beklagten sich fünf Fürsten über das übermäßige Streifen der Nürnberger in fremdes Gebiet.[63]) Schuld an derlei Übergriffen trug weniger der Rat als die Söldner. Daß übrigens diese Fürsten nicht besser verfuhren, zeigt uns der 1538 gegen den Markgrafen erhobene Vorwurf:[64]) „Von dannen werden je zu zeiten fromm

---

[58]) Privil. 1476, Hist. Dipl. h. a.

[59]) Ann. 1472.

[60]) vff den ernstl. rechtstag etl. hewptmanschaften anzusagen v. darzu ein zewg hinauß strayffen z. I. Rtb. VII, 5 K.A.

[61]) Anzeiger f. Kunde d. Vorzeit, 1862, 364.

[62]) Ann. 1508.

[63]) Rtb. 0, 343 St.A.

[64]) Articuli Additionales (Nürnb.-Brandenburg), 1538, 22.

Biderleut auch in jrer fürstl. Gnaden lebendigem Glait darauff sie sich verlassen und etwan mitten in jr Gnaden erkaufften Flecken und Land von zweyen, dreyen Reutern bey hellem tag beraubt, weggeschleifft, gestöckt, plöckt, in harter gefengnuß erfault und wans wol gereth vmb einen guten theil ihrer nahrung geschatzt."

Viel Rumor wurde insbesondere von den Söldnern verursacht, wenn es galt, im Fraißbezirk, wo sich, wie erwähnt, das Recht der Gerichtsgewalt thatsächlich durch Prävention entschied, den fremden Söldnern zuvorzukommen. Geschah nun ein Ableib, so war es des Landpflegers Pflicht,[65]) sofort in die betreffende Ortschaft zu senden und ein sogenanntes Fraißpfand zu nehmen.[66]) Hierzu dienten entweder der Leichnam, der nach Nürnberg zum Begräbnis gebracht wurde,[67]) eine Hand, ein Finger desselben oder Fahrnißstücke des Getöteten oder des Thäters, in Ermangelung dieser ein Span von ihrem Hause.[68]) Dann suchte man genau den Thatbestand festzustellen und des Thäters habhaft zu werden. Der Zugriff durfte aber erst geschehen, wenn der Verwundete gestorben war, früheres Nehmen des Fraißpfandes war nicht gestattet, weshalb man Kundschafter ausstellte, um sofort nach Eintritt des Todes am Platze zu sein.

Den Umwohnern wurde mitunter befohlen, sich zu widersetzen, wenn fremde Söldner sich eines Fraißpfandes bemächtigen wollten.[69]) Sehr oft blieb freilich diese Prozedur leere Komödie, indem die eine Obrigkeit das Pfand besaß, die andre den Mörder fing und justifizierte, woraus unendliche Streitigkeiten resultierten.

---

[65]) Pfleger zu Hilpoltstein beuelhen, so der verwundt sterbe daselbst einzufallen v. von oberkeit fraißpfandt zu nemen Rtb. XVI, 30 K.A.

[66]) Ein Newe Buch zu machen darein alle frayß, die sich vf dem landt begeben, vnschädlich lewt So hereingefürt nach dem Namen der Dörfer nach dem abc geschriben, Rtb. III, 344 St.A.

[67]) So der kranck todt hin gen solt dahin ze eilen v. den Cörper zu fraißpfandt hinzenemen, Rtb. XVII, 196 K.A. den Störle so er sterben solt begraben zelassen, das Haus zuuersperren v. alle sachen In achtung zehaben, damit ein Rath fraißhalben kein eintrag gescheh, Rtb. XIX, 189, K.A. wie ordnung zu machen daß die pauren vmb die Stat In fürfallend frayßfellen zu greyffen muessten, Rtb. XX, 215 K.A.

[68]) pfleger beuelhen von des entleibten hauß ein span zu aim frayßpfand z. n., Rtb. XVII, 73 K.A. (1535).

[69]) Wo sich die Marggreuischen Vnterstunden frayßpfandt des orts zu holn desselben zu widersetzen Rtb. XVII, 4 K.A.

War daher der Thäter, der sich mit des Getöteten Freundschaft auseinandergesetzt, nach Erlegung einer Buße, des Fraißgeldes, von der einen Seite sichergestellt, so lief er trotzdem Gefahr, noch von der Nachbarbehörde zur Verantwortung gezogen zu werden. Die Hebung dieser Mißstände war öfters Gegenstand von Verträgen und Tagshandlungen insbesondere zwischen dem Markgrafen und dem Rate.[70])

1535 wird das Gesuch einer armen, kranken Frau um Rückgabe ihrer als Fraißpfand genommenen Kuh abgelehnt und beschlossen, ihr „In bedacht Irer Armut und notturft 4 fl. auß guten willen" zuzuerkennen.[71])

Betreffs der externen Polizei waren noch die sogenannten Waldschützen verpflichtet, über jedes wichtige Vorkommnis an den Rat zu berichten.[72])

Im internen Dienst sehen wir die Söldner seltener verwendet, außer zur Wahrung bei Exekutionen, wo sie als Einspännige aufgeführt werden, welche übrigens auch berittene Stadtknechte sein können, ferner zur Bewachung bedeutender Gefangener. Die in Nürnberg befindlichen haben sich jeden Morgen vor ihren Hauptleuten zu versammeln.[73])

Außerdem bilden sie den im Fall einer Fehde durch Werbung zu vermehrenden Grundstock der Kriegsleute der Stadt. Hier und da wird ein „werbender (reißiger) Diener" erwähnt, einmal mit dem Auftrag, die Bauern wegen verübter Plackerei zur Rede zu stellen und zu warnen.[74])

In der Stadt sind es die Viertelmeister oder Viertelherren, welche die Oberleitung über das Sicherheitswesen führen. Genauen Einblick in ihre Thätigkeit gewährt das Viertelmeisterbuch.[75]) Nach

---

[70]) Nachd. e. e. Rat In etl. tagshandlungen wegen eins fraißzirks vmb Nürnberg Innerhalb der dreien Wasser Schwabach, Schwarzach, Rednitz gehandelt, Rtb. XIX, 225 (1539) K.A.

[71]) Rtb. XVII, 98. K.A. die alten verderbl. klayder die zu fraißpfand genumen v. bißhero verlegen sind in der krigstuben gewelb soll man vmb gottes willen geben. Rtb. XVI, 4 K.A.

[72]) Rp. 1476, VIII, K.A.

[73]) der graysig zewg allmorgen bey einander sein, Rp. 1449, VII, 1; alte Reißige pensioniert oder des Reiterdienstes enthoben, Rp. 1556, II, 32.

[74]) ertailt werbenden Diener den pawern ernstl. zesagen, das Sy irer plackerey abstee Rtb. VIII, 201 St.A.

[75]) XXXII. Jahrg. d. hist. Ver. f. Mittelfranken, 68; im Ämterbüchlein acht virtailmaister, Hegel, V, 809.

diesem ist die Stadt in XVI Teile geteilt, über jedem derselben steht ein Viertelmeister. Vertraut mit allen Personen ihres Bezirks, von allen wichtigen Vorkommnissen sofort unterrichtet, insbesondere der Ankunft von Fremden,[76]) deren Aufnahme in die Herberge in gefährlichen Läuften vom Konsens des betreffenden Viertelmeisters abhängt, vermögen sie am besten bei Verhaftungen und dgl. die ihnen unterstellten Hauptleute und Stadtknechte anzuweisen, woneben sie zur Beaufsichtigung der Wachen und Gefängnisse verpflichtet sind.[77])

Was die Stadtknechte betrifft, so dürfen wir dieselben nicht, wie es in den Quellen mitunter geschieht, mit den Stadtbütteln zusammenwerfen. Im Ämterbüchlein sind vier Statpütel und sechs Stadtknechte verzeichnet.[78]) Jene treten hauptsächlich als Willensorgane des Rates auf,[79]) außerdem haben sie gleich den Bütteln der Polizeiordnungen bei Zivilangelegenheiten, wie Pfändungen als Gerichtsdiener zu fungieren. In krimineller Beziehung sind sie mit Verkündung der Ratsgebote, mit Verrufung der Geächteten und auf den Pranger Gestellten, mit Schlagen der großen Pauke bei Vollzug von Leibesstrafen, endlich mit Ausführung des Armen zur Exekution und Ausrufung des Friedgebots zum Schutz der Nachrichters betraut.

Die Thätigkeit der Stadtknechte ist eine sehr vielseitige, indem sie mit der Wahrung der Ordnung in der Stadt, mit Vornahme von Verhaftungen und Bewachung von Turmgefangenen beauftragt sind.[80]) Die von den Reißigen Aufgegriffenen übernehmen sie in der Vorstadt, um sie in das Lochgefängnis abzuliefern. Die hierbei in der Stadt abgenommenen Waffen sind sie zu teilen berechtigt, die sonstige Habe müssen sie dem Lochhüter übergeben.[81 82]) Bei Ergreifung Füchtiger werden sie mitunter besonders belohnt.

---

[76]) virteilmeistern v. hauptleuten zu wissen tun daz sie in den lewffen ymantz beherbergen, man wisse dann wen Rp. 1449, III, 12; Hegel III, 383; Bei krieg Ausweisung aller Fremden, Hegel II, 174.

[77]) Wölckern, Commentatio succincta in Cod. Jur. Stat. Nor., 275.

[78]) Hegel V, 819.

[79]) Paukenschlagen bei Leibesstrafen, Rtb. III, 252 K.A., Ausrufen auf Kanzel, St.R. X, 64, Verrufen des Friedgebots Rtb. I, 178 St.A.

[80]) Rtb. VIII, 151 St.A.

[81]) Stattknecht die wer so sie mit den Schützen nemen mit denselben tailen, Rtb. VII, 242 K.A; Stattkn. ernstl. zu sagen So sie yemant zu vangknuß an-

1514 wird ein Priester, welcher bei Einführung seines Anhangs in das Gefängnis einen Stadtknecht blutrünstig geschlagen, zu strenger Ahndung auf einem Kammerwagen mit einer Schrift „seiner verhandlung" nach Bamberg gesandt.[83]) 1508 wurden Bauern, die einen Büttel bei Ausübung des Friedgebots verwundet mit Verlust der Augen bestraft,[84]) 1381 einer „der sich gerihtz gewehrt, da man in geuangen wolt haben" auf ein Jahr verbannt.[85])

Im Fall einer Tötung bei Ausübung ihrer Pflicht waren sie vor Anklage nicht gefeit.[86]) 1506 erhielt ein Hauptmann, der einen sich widersetzenden Verdächtigen am Hochgericht nachts tödlich verwundete, vom Rat ausdrücklich Sicherung zugesagt und in diesem Jahre wurde ein Stadtknecht, der einigen, die „weinig gewest vnd wehr vber einander gezuckt" Friede gebot, drei der sich Wehrenden niederschlug und in ein Kloster floh, „nach manigualtiger ansag von personen, so bey der geschicht gewesen" außer Verfolgung gesetzt und ihm ein Beitrag zu seinen Heilungskosten gespendet.[87])

Die Zahl der Stadtknechte ist sehr verschieden; 1502 werden sie von acht auf sechzehn vermehrt.[88]) Sie scheinen den Fünferherren unterstellt zu sein, da sie 1461 (mit den Bütteln) „vor den fünffen geoffent werden vnd sollen die fünff beuellen, nach redlichen lewten zu denselben ampten zu dem newenrate zu frogen, dann welcher vnfleißig ist, sich vnendlichen helt und truncken wirt, den wil ein Rate alßdann feyern lassen.[89])" An Zügellosigkeit geben sie übrigens den Söldnern nichts nach, fortwährend stößt man auf sträfliche Rede oder Absetzung wie z. B. 1471[90]) „von der vnzücht

---

nemen das Sie denne alles das So Sie von geld v. anderm bei Inen finden dem lochhütter vberantwurtten, Rtb. III. 187 St.A.

[82]) Julianus Episcop. Ostiens. hat dem Rat Macht gegeben, die Geraubte Wahr, die man nicht weiß, wem Sie zugehören, zu einem Almosen wenden, Ann., 1484.

[83]) Rtb. X, 264 St.A.

[84]) Ann., 1508.

[85]) A.B. 316, 5; Diepolt V jar d. er sich gericht wert v. hanse den pütel wundet der mit zu gericht ging, A.B., 317, 72.

[86]) Rtb. VIII, 222 K.A.

[87]) Rtb. VIII, 255, 288 K.A.

[88]) Rtb. IV, 215 und 219 K.A.

[89]) Rtb. 0, 601 St.A.; Stadtknechtseid: Brb. III, 230.

[90]) Rp. 1471, VIII, 11; Stattkn. sträffl. Rede vnfleiß halben in dem Handel des todslags Rtb. II, 65 St.A.; Stattkn. v. püteln ernstl. zesagen daz sie keynerley Spil thun, Rtb. III, 35 K.A.; Rp. 1532, III, 2; IX, 9.

und flacks wegen das die Statknecht den Bürgern und leuten mit slaen vf der Gassen des Nachts beweisen", wegen verbotenen Spielens oder wegen Feigheit und Nachlässigkeit bei Verfolgungen. 1476 erhalten sie Hauptleute:[91]) „nachts und tags auff die gassen zegeen", woher der spätere Name Gassenhauptleute; bei gemeinsamen Aktionen soll einer von diesen der oberste Hauptmann sein.

Ihre Behausung ist ihnen von der Stadt angewiesen, 1481 werden auf den alten Schwibbogen beim Schuldturm „dadurch vorhin die Pegnitz in die Stadt geflossen", Wohnungen für die Stadtknechte gebaut.[92])

Ein Teil von ihnen wohnte auch in den Stadttürmen zur Beaufsichtigung der Gefangenen,[93]) wo dann ihre eignen Kammern mitunter als Gefängnis dienten, wenn leichtsinnige Dirnen oder einmal junge Wiedertäuferinnen, die wegen ihrer „blodigkeit" der Hinrichtung entrannen, zur Besserung (!) „zum statknecht an ein schellen" geschlossen wurden.[94])

Selbstverständlich sind sie auch zur Bewachung bei Ausstellung auf dem Pranger, bei Abhaltung des Rechtstags, der Exekution u. dergl. verwendet.

Stadtschützen sind Stadtknechte mindern Grades.[95]) 1477 erhalten sie das Recht, Wehre zu tragen, damit sie „Rumor vnd ander vnfür destbaß widersteen mögen, doch wo Sie eynich fräuel damit vben, wil ein Rate Sie harter danne ander darumb straffen".[96])

Sie üben i. a. dieselben Befugnisse wie die Stadtknechte aus.

---

[91]) vnter allen Stattkn. v. püteln Jr zwen zu haubtmann gemacht werden nachts v. tags auff die gassen ze geen Ulrich v. herman alles auff eins rats widerrufen. Wo sie aber alle mit einander geen sol Vlrich der ober haubtmann sein, Rp. 1476, VIII, 9.

[92]) Rtb. III, 139 K.A.

[93]) d. Stattkn. der den Schuldthurn Jnnen hat, beuolhen, das er sich alle wochen ainmal in thurn thue v. vleißig vmbsehe ob ichtzit geuerlichs bey den gefangen Rtb. VIII, 151 St.A.

[94]) Nachdem das Jung Leuth v. Weibs Personen sein zu rathen das man sie in ansehung Jrer blodigkeit des Landts verwieß oder zu eim Stattknecht an ein schellen oder in die fündel, Rthschlb., Simon Clüver 889.

[95]) Diese Stadtschützen sind zu unterscheiden von den mit militär. Charakter bekl. Armbrust- und Büchsenschützen. Rößlein den Sch. an des gevrlaubten Stattkn. Dienst kommen lassen, Rtb. XLIII, 51 K.A.

[96]) Rtb. II, 210 St.A.

Sie sind die ständigen Hüter des Frauenhauses,[97]) auch die Verurteilten bewachen sie im Lochgefängnis, um sie vor Selbstmord zu wahren.[98]) Bei Verhaftungen, die sie gemeinsam mit den Stadtknechten ausführen, teilen sie mit diesen die abgenommenen Waffen.[99]) 1478 werden zwei Schützen wegen unberechtigter Festnahme bestraft und zur Zahlung der Atzungskosten des Gefangenen verurteilt.[100])

Daneben finden wir noch verschiedene Arten Wächter: schreiende oder Hörnleinswächter, Scharwächter,[101]) „wachter auff der vesten in der haimlichen wach" [102]) und gewöhnliche (stumme) Nachtwächter, welche in gefährlichen Läuften durch Stadtknechte verstärkt werden,[103]) nicht zu vergessen der Türmer auf den vier Schlagtürmen und den Thortürmen: „Und so offt sie drey oder mehr Raisigen gegen der Statt zu reitendt ansichtig werden Sollen sie dieselben melden vnd biß in die Statt herein anblasen." [104])

Ein unehrbar Amt bekleiden endlich die zwei Bettelrichter (Teufel?), indem sie die Verscharrung der Gerichteten und Selbstmörder besorgen. 1544 wird ihnen durch sträfliche Rede untersagt[105]) „füran mit den enthaubten Corpern spectackel zu machen vmb gelt willen".[106])

Schon früher wurde erwähnt, daß der einzelne Bürger durch Versprechungen und Drohungen angehalten wird, zur Wahrung der Sicherheit insbesondere bei Verfolgung von Verbrechern selbstthätig

---

97) Die im frawenhaus gotschwüre tun anzunemen den schützen die Im frawenhaus hütten befelhen, Rtb. VI, 244 St.A.

98) Zweien Schützen die Sieben tag v. nacht Im loch gehutt haben wan Im einer selbs den tode thun wollt, 1469 (Muffel?) St.R. XII u. Nr. 14.

99) Rtb. VII, 242 K.A.

100) Rtb. II, 267 St.A.

101) die vier Scharwechter, Tuchers Baumeisterbuch, 261; Rtb. XLIII, 1 K.A.

102) ein heimlich wacht zum wolffstein bestellen in der besten still, Rp. 1449, II, 12; den wechtern auff der vesten in der haimlichen wach, Rtb, VIII, 422 K.A.; Hegel V, 818.

103) die Nachtwache vf heynt mit zwein knechten sterken, Rp. 1458, III, 8.

104) Kiefhaberiana, H. u. St.B. (Kiefhabers Nachlaß).

105) dem Tewfl ein Streffenlich red darumb er dem Statknecht nicht helffen wolt Rp. 1449, IV, 15; Rp. 1474, II, 8; Rtb. XXII, 224 K.A.

106) Fronbote u. Richtersknecht spielen in krimin. Hins. keine Rolle: ertailt dem Richterskn. u. fronb. zu beuelhen wann Sy hinfüro ymand pfand von gerichts wegen außtragen, Rtb. VIII, 304 K.A.

einzugreifen.[107]) Im ältesten Ratsbuch wird dekretiert:[108]) „wo der Stat Bürger oder lewt vernemen oder sehen das die Jren beschedigt werden So sollen sie macht haben, dieselben die das tetten, ob sie mochten die aufzuhalten."

Diese Aufforderung ergeht vor allem bei Berufung (Verrufung) oder Achtserklärung, d. h. wenn das Hohe Recht oder Veldbuch über den Flüchtling gelesen wird[109]) oder — in späterer Zeit — der Büttel während das Ratspanier vom Rathaus wallt,[110]) über den bekannten oder unbekannten Thäter die Berufung verliest, womit meist das Versprechen einer Belohnung für Habhaftwerdung des Geächteten verbunden ist.[111]) Verbrechen und Thäter werden mitunter im Achtbuch verzeichnet. 1452 findet sich ein Verruf über Sebald Pfinzing, in dem ein Preis von 2000 Pfd. auf diesen und 1000 Pfd. auf dessen Knecht gesetzt sind.[112]) Als 1441 eine schon überführte Diebin aus dem Lochgefängnis ausgebrochen war, hat der Rat „allen hewbtlewten befolhen, daz yder in seiner hewbtmanschaft den lewten sage, daz nymand dieselben kunnen hawse noch hofe, wer es darüber tete, zu demselben wol ein Rate daz recht warten als zu Jr vnd wer sie hie wider zu fengnuß bringt dem will ein Rate hundert Pfund geben. deßgleichen hat man verkunt zu werde vnd zum gostenhofen".[113])

---

107) Wo yemandts weitter etwas Jn eines E. Rat gebiet Raublichen genommen v. e. E. R. bericht wurde. Das die haubtleut v. dorffgemeinden den Thettern do si darumb ersucht würden. icht Nacheyllen. Sondern dieselben Muthwilliglich entkommen lassen Das sie das Jhenig was den Leuten allso raublich entwendet wiederumb vnablaßlich erstatten v. bezahlen sollten, Rathschlb. 1524 bis 84, 562 ff.; s. a. Baader, 41. den flachen v. des wirts maid zu gostenhof zu red setzen, daz sie den gewarnt haben, Rp. 1449, III, 11; die wirt so solche spitzbuben hallten sambt den gesten ins loch, Rp. 1533, III, 16.

108) Rtb. I c, 23 K.A.

109) Hegel I, 388.

110) vmb ein panyr das man hinaus stößt so man ein offenn beruffung vom hawse hinab tun wil, St.R., XII, 67.

111) Ann., 1462, 1501, 1579, 1499; v. also ist sie v. ir man flühtig worden von der Stat, die sol man aufhallten, wo man die ankumbt, A.B. 317, 35; Mord an einem pettelmaidle. . Ob auch desselben Tetters gesellen ainer so dozumal bey im gewest Jne einpringen oder anzaigen würde, der sollt diser tat halben gesichert v. auß sorgen gelassen sein. U. im dazu die hundert gulden g. Rtb. XI, 77 St.A.

112) Ann. 1452.

113) Rtb. 0, 45 St.A.

Diese Berufungen waren sehr zahlreich, aber nicht immer von Wirkung, wie z. B. 1518, wo sie ein Mörder mit angehört und noch einige Tage in der Stadt geblieben ist.[114]) Hie und da wird der ganze Städtebund zur Beihilfe gemahnt, wie 1390 bei zwölf Judenmördern aus Nördlingen, indem diese für überfragt und verurteilt erklärt werden und den Städten bei ihrem Eid sofortige Hinrichtung der Gefangenen geboten wird unter der Aufforderung, diese Achtserklärung öffentlich zu verkünden und in das geschworne Buch zu schreiben.[115]) Sollte aber nicht demgemäß verfahren werden, sollen alle Städte gemeinsam beratschlagen, wie man der Mörder habhaft werden könnte. Einmal wird ein Kanzlist an alle Städte und Herren am Bodensee gesandt.[116])

Hier sei auch einer seltsamen Dingung zum Mord eines vermutlich Geächteten seitens des Rates i. J. 1408 gedacht:[117]) „Ez ist zu wissen, daz man mit dem Heintzen Crewitzer vberein ist worden. Also daz er hintzwischen v. ostern den Andres Steinpach vom Leben zum tode bringen wil, alsuie Er kann v. mag. Vnd wenn er des getan hat. So hat man Jn vertröstet auf vier Jahre unß diener v. Soldner zu sein v. Jm ein schenk zu tun v. Jn auch fürbaz, ob er sich redlich helt, vor andern leuten halten. Wann er maint, ob Er das endet, daz er sich vor des Steinpachs freunden nyndert baz enthalden kunne dann hie. auch hat man Jm yetz par geschenkt VIII guld, daz er sich dartzu geschickt mug, auch so wolt er des gesworen haben die sache zu volenden. do vberhub man Jn des v. getrawet Jm sust wol darumb."

Was die Verbannungsstrafe in dieser Zeit betrifft, so findet diese — Diebstahl ausgenommen — im Ungerichtsfall nur selten mehr Anwendung, da nun auch Bürger, wenn nicht Einmauerung, d. h. lebenslängliche Turmstrafe eintritt, der Strenge des Gesetzes unterliegen. Infolgedessen zeigt sich auch nur hie und da eine Selbstverurteilung.[118])

Sei diesmal vorerst den schon früher berührten Massenaus-

---

114) Ann. 1518.

115) A.B. 316, 28.

116) einen Canzleischreiber Hans Utz an unterschiedl. Herrn v. Städt am Bodensee in Schweiz abgefertigt, die Justitiam wider ihn anzuruffen, Ann. 1472.

117) Rtb. I a, 9. K.A.

118) Gorhawsin Tohter hat sich gevrtailt ewiglich d. d. sie dem Hanse ein pulfer geben, daz er sie liep solt haben, A.B. 317, 25 b.

weisungen und der Charakterisierung der hierdurch betroffenen sicherheitsgefährlichen Leute einige Beachtung gewürdigt.

Wie in Augsburg,[119]) so findet auch in Nürnberg zeitweise Generalmusterung über das darin umherstreichende Proletariat statt, d. h. man stellt eine Razzia an[120]) und unterwirft alle, die des Nachts auf den Straßen, in berüchtigten Schenken und dergleichen Schlupfwinkeln lichtscheuen Gesindels aufgegriffen werden und keinen Nachweis über redlichen Erwerb zu erbringen vermögen, der Geldbuße oder Ausweisung.[121])

Gefängnisse i. e. S. existierten nicht, Armenanstalten nicht in ausreichendem Maße und vornehmlich für Bürger. Es wäre dadurch auch nur die Stadt zum Staubfang für das umliegende Land geworden und hieraus eine nicht geringe Steuerlast den Bürgern erwachsen, ohne hiermit dieser Landplage zu steuern. Solche Institutionen, welche nur bei Reciprocität der einzelnen Staatenkörper zu florieren vermögen, hätten auch allzusehr den egoistischen Grundprinzipien des damaligen Regimes widerstrebt; man verfiel daher auf das Gegenteil und schuf die ohnehin unsichere Landschaft zur wahren Räuberherberge. Die infolgedessen ausgeworfenen erwerbsarmen, mitunter harmlosen Leute, welche außen — besonders, wenn man sie zum Abschied noch durch Ohrenabschneiden oder Brandmarknng gekennzeichnet[122]) — noch weniger Unterkunft und Nahrung fanden, mußten sich notgedrungen auf Straßenraub verlegen und kehrten so von den Söldnern aufgegriffen bald als wirkliche schädliche Leute zurück. Dort beförderte man sie mit nicht geringen Kosten ins Jenseits, die vielleicht bei vernünftigem Arbeitszwang zu tüchtigen Bürgern geworden wären.

Ein großer Teil zog freilich infolge unzureichender Sicherheits-

---

119) s. Buff, Verbrechen und Verbrecher i. d. 2. Hälfte d. XIV. Jahrh. in Augsburg (Zeitschr. d. hist. Ver. Schwaben-Neuburg 1877).

120) Den Kriegsherrn befolhen v. gewalt geben, etl. argkwenig bettler In den herbergen anzenemen v. In das loch zulegen auch deßhalben Ir kundschafter zu bestellen, Rtb. VI, 182 St.A.

121) Den hernach geschriben personen hat man die Stat verboten darumb sie gest v. vnendlich lewt gehalten haben v. ir etlich selber gest sein v. hie gewonet haben, A.B. 317, 12; s. a. 55b, 76; Cuntz zwei jar von verlichs vnredlichs pettelns wegen, das sie on lawb hie getriben hetten v. doch so stark waren das sie wol gearbeit möchten haben. A.B. 317, 216b.

122) Man hat auch zweyen ihrer Knecht jedem ein Ohr abgeschnitten v. dem dritten ein Zeichen an die Stirne gebrannt, Jäger, jur. Magaz. 334.

organe kurze Zeit nach der Ausweisung wieder zum andern Thore herein; doch werden solche, wenn sie auch dank der ungenauen Führung der Ausweisungslisten lange ungefährdet blieben, nur selten Zulaß zum ehrlichen Erwerb errungen haben.

Als besonders rücksichtsvoll erscheint es von den Stadträten, daß sie den von ihnen Verwiesenen den Aufenthalt in einer bestimmten andern Stadt erlaubten, ja sogar geboten, weshalb auch in Nürnberg öfters ein generelles Ausweisungsgebot gegen solche Exilierte erging.[123])

Auf gar seltsame Namen und Kategorieen stoßen wir beim Durchlaufen solcher Verbannungslisten:[124])

Eitelpös, Haintz Leibloz, plutig Hännsel, Vll Sneider gen. des Gräflein sun, Albel Schemerl, Chalpfresser, Chuntz vnru, Haintz auf dem Stäblein, swartz Chünl, Marl airynschmalz, geschentige Anna — Ruffiane, gotswirer, vnzühter, virharter, kopperer, jaufkinder, durchechter, freiheiter, freiheitlein, galgenschwenkel, luderer, pulion, hantspiler, scholdirer, nachtraben, taschenklopfer, aufmacherynn, hawzdewppynn, kopplerynn, peutelsneiderynn, vnendlich mensch, hurenmaisterynn, zauberynn, schelterynn, pfaffynn, phostensneiderynn und ect. — nur eine kleine Blumenlese von Tagedieben und Gaunern im Verhältnis zu Luthers Bettlertraktätlein (1528), in dem allein zwanzig Arten von Bettlern aufgeführt sind.

Die Arten dieser schädlichen Leute, abgesehen von jenen, welche bei einem Ungericht betroffen oder deswegen angeklagt oder offen verdächtigt sind,[125]) erschöpfend darzustellen, wäre ebenso nutzlos als unmöglich, da die Richter hierin mit großer Willkür verfuhren, ja sogar die Führung eines verdächtigen Namens die Folterung nach sich zu ziehen vermochte. Nur folgende, als den Söldnern als besonders verhaftungswürdig Empfohlene, wollen wir aus unsern Quellen hervorheben:

> Solche, die als geächtet im Achtbuch stehen oder als Übelthäter öffentlich berufen sind, sowie jene, welche solche „hausen, hofen, trencken, ätzen.[126])

---

[123]) s. w. u.

[124]) Ich beziehe mich hier auch auf ein bisher als Nürnberger Archivale bezeichnetes Strafbuch (R.A., Nr. 31 — auch Polizeiverordnungen enthaltend), das keinesfalls dorthin, sondern höchstwahrscheinlich nach Regensburg gehört.

[125]) die frawn ein friede globen lassen v. so sie In manscleider funden wird sol sie In das loch gefürt werden, Rp. 1474, VI, 3.

[126]) wurden dehainer begriffen, veber den sol man rihten ane vrthail, Murr,

Wer mit Mordwerkzeugen, Daumenstöcken u. dgl. betroffen wird.[127])

Wer auf seinem Körper Spuren von Rutenstreichen, Brandmalen, Folternarben aufweist, wem Auge, Ohr, Hand oder Nase fehlt.[128])

Wer mit Begehung eines Verbrechens droht oder nach fehlgeschlagenem Versuch entflieht.[129])

Wer in den Aussagen der Gefangenen nicht nur als Thäter, sondern schon als Genosse genannt wird[130]) oder von dem man weiß, daß er mit verdächtigen Gesellen verkehrt.[131])

Solche, die Anlaß zur Verübung eines Verbrechens waren, oder deren nächster Anverwandter ein Ungericht verübte und deshalb gerichtet, verbannt oder flüchtig wurde.[132])

Wer sich kurz, nachdem ein Ungericht begangen, aus dem Stadtgebiet oder in eine Freiung begibt.[133])

Journal f. Kunst u. Litteratur, II, 368; wer in hauset, hofet, eczet oder trencket, da wolt man alle dy reht zu wartend sein, dy man zu dem morder het, Hegel I, 388; daz yder in seiner hewbtmanschaft sage, daz nymand dieselbe hawse noch hofe, wer es darüber tete, zu demselben wol ein Rate daz reht warten als zu Jr, Rtb. 0, 45 St.A.

[127]) Anthoni prewß ... die als beschediger des heilig Reichs straffen mit Daumenstocken, fewerzeugen v. andern geuärlichen dingen an Warer tat begriffen sein, Etl. Act. K.A.

[128]) kathrey ewiglich d. d. sie in einem böse lewmut v. newr ein or het A.B. 317, 54; Hans von Wehrd ewiglich v. ist ihm auch das zaichen angeleit von der Stadt darumb das er ein dieb gewesen, A.B. (1308—1359), 1346; Darum drgl. Beschädigung schwer bestraft: H. Gewgel 10 jar d. d. er Gotzen ein ore abgepißen hat, A.B. 317, 36b.

[129]) dekker ewiclichen hat auch bekant daz er wille hot ze tun rawberey v. andere vntat, A.B. 317, 15b.

[130]) den gesellen die durch Jn besagt nachzestellen Rp. 1486, IV, 1; dekker d. d. er sich zu poser gesellschaft verpunden, A.B. 317, 15b.

[131]) Lauf 5 jar, darum, daß die zu Eschenbach verderbt wurden von im sagten, Er wer Jr wirt gewesen v. hat darzu zu der Rawberey geholfen, A.B. 316, 44.

[132]) Schremmel v. sein Wirtin ewiclichen bey dem Halse d. d. meister Rab von iren wegen ermort ward, A.B. 316, 23; Stadlerin ewicl. von dez mordes wegen den ir man getan hot, Laurentz irem Sun 10 jar von derselben sach wegen, A.B. 316, 33.

[133]) Striegel d. d. er in einem lewmund was er wolt ein maidlein genotzogt haben v. flüchtig darüber worden was, A.B. 317, 68b.

Wer gefangen aus dem Gefängnis bricht oder freigelassen die Ableistung der Urfehde verweigert.[134])

Wer aus der Stadt gewiesen, dieselbe nicht verläßt.[135])

Um wieder zur Verbannung zurückzukehren, so findet sie, wie schon erwähnt, seltener mehr bei Ungericht und unter Androhung einer peinlichen Strafe statt, dagegen wird sie nun die regelmäßige Folge der Verstümmelungs- und Züchtigungsstrafen.[136]) So werden auch mitunter als Dareingabe zur Verbannung die Ohren oder Zunge abgeschnitten,[137]) die Hand oder wenigstens die Schwurfinger abgeschlagen, das Brandmal auf Backe oder Stirne gebrannt; 1382 wird ein Gotteslästerer auf zehn Jahre verbannt, vorher noch auf den Pranger gestellt und vier Wochen in den Turm gelegt.[138])

Hie und da ist die Verbannung mit einer Geldbuße verbunden oder die Wiederkehr von der Zahlung einer solchen abhängig gemacht.[139]) Betreffs des Anfangs wird bisweilen noch eine Frist gestellt, wie 1408 einem Mann, bis dessen Frau eines Kindes genesen;[140]) neben oder statt der Meilenzahl trifft man das Gebot, über die Donau, den Rhein, das Gebirge zu ziehen.[141]) Der Brauch, daß bei Verbannung des Mannes auch dessen Weib Ausweisung erfährt, wird 1487 derogiert.[142])

Als Schärfung erscheint es, wenn das Urteil von der Kanzel verkündet wird,[143]) neben der regelmäßig abzuleistenden Urfehde noch

---

[134]) Da in diesem Fall öffentl. Verrufung erfolgt, Rtb. 0, 45 St.A.

[135]) Besonders scharf betont im Strafbuch 31, fol. 33 R.A.

[136]) Haberstroynn bede augen v. beym hals von hynnen, St.R. XI, 65.

[137]) Margret ewig v. man snaid ir ein or ab, A.B. 316, 30.

[138]) A.B. 316, 12.

[139]) Hensel zehn j. v. sol darnach niht herein vor er den Burgern ze puß 5 Pfd. hl. gebn v dem Rihter sein reht, A.B. 317, 36b.

[140]) koch frist bis sein weib auz dem kindpett v. darnach VIII tag, A.B. 317, 65b.

[141]) Meßner vber die Tonaw ewiglich, Etl. Act. K.A.; Streber turn 4 wochen v. darnach über Rein, A.B. 317, 55: über vier weld, Hegel V, 589.

[142]) So hinfüro eynichen burgern vmb sein verhandlung die Statt versagt württ, So dann sein eeweib an solichen seinen missetat nicht schuld hatt oder dem verwandt ist, So sol Sie des nicht entgelten v. Souern Jr mann Jr des gestatten wil mag Sie nichts destmynder Jr wesen als ein Burgerin hie halten, doch das Sie Jr gut verlosung wie andere burgerin. Rtb. IV, 85 K.A.

[143]) Messingslaherkneht ewigl. v. hat in offenlich hindan geruffet, A.B. 317, 59; man hat diese Zeit im Gebrauch gehabt, jedesmahl von offner kanzel in den kirchen zu verruffen, wie lang einem die Stadt verbotten, Ann. 1408.

ein besonderes Versprechen zu beschwören und eine Urkunde hierüber zu geben ist, oder die Rückkehr nach Erfüllung der Verbannungszeit noch von besonderer Gnade der Bürger abhängt.[144]) Hie und da wird bestimmt, daß ein Teil durch Gnade erlassen werden kann, oder daß der Verbannte trotzdem an einem benannten Ort des Stadtgebiets verweilen, sowie wenigstens als Gast dasselbe betreten darf.[145])

Als Nachtrag noch die „Forma wenn man einen schedlichen man verpieten will:[146])

Dem Erbern v. vesten Ritter Empieten wir die Burger des Rats vmb den Hansen Snelle. den Jr geuangen habt. der vns v. die vnsern wider recht geraubt v. beschatzt hat. denselben verpieten wir in ewer geuanckchnüße. von des Reichs v. von vnsern wegen. daz Jr den nicht von ew lat kumen ez werd dann vns v. den vnsern vber sein leib v. leben gericht. wan die vnsern nach seinem leib v. leben kumen wellen als recht ist. V. des beschaidet den vnsern einen geraumen tag. Wan tet Jr das nicht. so müsten wir vns des von ew beclagen vor vnserm genedigen Herren dem Röm. künige v. dez zu warten als des heiligen Reichs recht ist." (1405.)

Anzeige und Anklage.

Bildet auch der Kläger nicht mehr, wie früher, den einzigen Anlaß zum Beginn des Verfahrens, so ist er doch noch nicht zum Denuntianten herabgesunken, wie in der letzten Periode der Inquisition, wo er sich von diesem nur dadurch unterscheidet, daß er zugleich als Verletzter größere Würdigung genießt. Noch scheint dem Vorgehen von Amtswegen subsidiäre Bedeutung beigelegt, wie z. B. ein Gerichtsherr im Landbezirk erst dann verpflichtet wird, Gefangene von Amtswegen und auf seine Kosten peinlich zu

[144]) Cuntzen sol auch nach denselben fünf Jarn niht herein komen es sey dann mit dez Rats willen vnd wort, A.B. 317, 16b.

[145]) Pildsnitzer 2 jar eins auf gnade v. eins on gnade Also ob die fraw für in bittet, der er ir tohter geswechet, A.B. 317, 63b. Olewitz wolt er aber von zu hailsprunn beleiben daz solt im an dem aide niht schade v. sol nach den funf jare niht herein, A.B. 317, 74b., Zepfin stat verboten, wol mag sie gastes weyse auz v. einziehn, A.B. 316, 7.

[146]) Brb. I, 59.

befragen, wenn kein Kläger aufgetreten, sondern nur Gerücht oder Geschrei erschollen ist,[1]) (welche Vorschrift freilich nicht der Praxis des Rates in der Stadt selbst entspricht); noch ist Thaidigung möglich,[2]) Begnadigung unter Genehmigung des Klägers, abgesehen davon, daß die hie und da eintretende strenge Verbürgung oder Verhaftung desselben nicht mehr den neueren Prinzipien entspricht.[3])

Daneben bleibt in folge weitgehender Erlasse der Denuntiation freie Machtentfaltung. Söldner und Stadtknechte sind durch ihren Eid, Bürger und Bauer durch Drohung und Versprechung zur Anzeige von Verbrechen veranlaßt. Einmal wird sogar Fanggeld gezahlt auf die Versicherung eines Burschen hin „daz er etlich in franken gefangen, die doch dauon komen."[4]) Schlimmer ergeht es freilich Schüttensamens Knecht, der vorgab, den berüchtigten Placker erschossen zu haben. Zwar erhält er den ausgesetzten Preis, wird aber dann, als sich seine Betrügerei erwiesen, gefangen und lebendig verbrannt.[5]) Ein anderer Knecht, der Schüttensamen bald darauf wirklich verrät, wird nach Empfang des Judaslohns mit Schimpf und Schande zum Thor hinaus gejagt.[6])

Den Wirten wird, um sie vor Nachteil zu schützen, geboten, wenn sich verdächtige Zecher in ihrer Schenke befinden, insgeheim dem Rate Anzeige zu erstatten.[7])

Eine Hauptquelle für neue Verhaftungen bildet endlich die Aussage der Gefangenen, denen man durch Tortur oder ohne diese nach Ablegung des Geständnisses die Namen ihrer Spießgesellen entlockt.

---

[1]) Dieweil die gemelten theter zu Eschenaw durch Muffel angenomen kein cleger vor augen. Sonnder allein das gericht v. geschrey erschollen. Sey Muffel von amptswegen v. bey hohen panen Im rechten schulldig sie peinlich v. von amptswegen auff sein costen zu befragen, Rtschlb. 1510—30, 1.

[2]) s. Freilassung.

[3]) den ziegler bas meren v. we tun v. den anclager hie behalten Rp. 1449, II, 9; hat der bauer keynn gut vrkunde, sol man den gefangen ledig lassen Rp. 1471, III, 4.

[4]) J.R. I, 115b.

[5]) Ann. 1466.

[6]) Ann. 1478.

[7]) Nachdem ein E. Rath gründtlichs wissen bekommen. Das Mörder, Dieb, Spitzbuben v. andter loß gesindt sich hier In der Stadt bey den Pier v. Humpelwirtten vndter schlaiffen. Da aber die wirt Jnen dapffer aufftragen v. stillschweigen. Vngeachtet sie sehen, das es nit recht herkhumbt. Das denselbigen Wirten ein streffliche red gesagt. Das sie solcher In geheimb antzaigen, Rtsschlb. 1524—84, 33.

Selbständig zu klagen, sind die, welche sich in des Rates Gefänguis befinden, nicht berechtigt, überhaupt nicht die mit Acht und Bann Belegten, Verbannte nur durch ihren Scheinboten (Bevollmächtigten) mit „minneclichen rehten.“[8]) Die Frau soll durch ihren Eheherrn klagen; Kinder, welche gegen ihre Eltern mit peinlicher Klage vorgehen, soll man enterben, es sei denn daß sie Hochverrat gegen den Kaiser und die Stadt oder Ketzerei zum Gegenstand hat.[9])

Schwere Reate kommen gewöhnlich bei den Schöffen oder Fragern zur Anzeige, Frevelsachen, wie erwähnt, bei dem seit 1420 bestehenden Fünfergericht.

Zieht schon einfache Verleumdung Verbannung und Turmstrafe nach sich, so wird falsche Anklage mitunter mit Talion bestraft.[10]) Pasquille und Pamphlete werden öfters angeschlagen oder verbreitet, und rufen bisweilen empfindliche Ahndung hervor.[11]) In der Reformation sind Pasquille mit vier Monat Turm bedroht, will jemand etwas außergerichtlich geltend machen, so soll er es dem Rat vortragen und ihm die Entscheidung überlassen.[12])

Wegen böswilliger Anklage wird ein Bauer verurteilt, so lange im Gefängnis zu liegen, als der Bezichtigte vorher, und zugleich dessen Atzungskosten zu erlegen.[13]) Eine Frau, welche eine andre fälschlich des Diebstahls beschuldigt, wird fünf Jahre, ein Geselle, der seinen Meister fälschlich angeklagt, zehn Jahre verbannt, eine, die ihren Vater wegen Incestes verklagt, auf ewig unter der Androhung der Blendung; auch Brandmarkung kommt als Strafe vor.[14]) Hans Linck bezichtigt seine Schwieger des Ehebruchs, wes-

---

[8]) Ref. Tit. VI G. 10, 8, 12; A.B. 316, 8.

[9]) Ref. Tit. VI G. 3; Tit. XV, G. 2.

[10]) Eukarius vmb sein vnpillich beschuldigung ein Monat auf ein versperrten turn Rp. 1449, I, 11; Lauginger von dieser Stat tun v. zu ewigen tagen dieselben meiden, das er Martin Tuchers Hausfraw Irer eren v. guten gerüchts v. lewmunds fräuelich entsezt, Rtb. V, 122 St.A.; Rtschlb. Sim. Clüv. 832.

[11]) Wernher 3 jar d. d. er scheltbrief offenlichen an die kirchen slug A.B. 317, 19b; Fritz Vischer 10 j. d. d. er ein smehlich lied macht v. sang von einem maister hie seiner hawsfrawen v. tohter, A.B. 317, 66b.

[12]) Ref. Tit. III G. 6.

[13]) den pawrn vf ein vrfehd ledig lassen v. sein widerteil an sein stat Ins loch legen dar Inne zu liegen, so lanng der vorder dar Inn gelegen v. die Atzung bezalen Rp. 1458, III, 12.

[14]) den von werd auf ein vrfehd ledig lassen v. das die von werde die atzung fur In zalen Rp. 1449, II, 8; vier gulden von peter lütenknecht von ann dibin di er ze fenknüs praht v. niht ansprechen wolt St.R. V, 7b; s. a A.B. 317, 20, 29b, 55b, 57; Hegel V, 549; A.B. 316, 14; Ann. 1417.

halb sie peinlich befragt wird. Als er nachher selbst vor der Tortur und während derselben seine Beschuldigung für eine Verleumdung erklärt, soll er nach Vorschlag der Gelehrten die ordentliche Strafe der erdichteten That erdulden, wird aber dann nach Zahlung einer „ergetzlichkeit“ an die Geschädigte mit Rutenstreichen aus der Stadt gejagt.[15])

Nicht minder wird das Laden vor fremde Gerichte bestraft.[16]) Sucht sich der Rat vor solcher Beeinträchtigung nach außen durch Privilegien zu schirmen, wird den Bürgern dies Verbot durch Polizeiordnungen und die Reformation eingeschärft. Besonders drückend sind die Belästigungen der Femgerichte; auch den Einheimischen gegenüber sind fortwährend Drohungen erforderlich, um von einer Ladung einzelner oder der Stadt abzuhalten[17]) 1478 sticht man einem achtzigjährigen Bauern die Augen aus, da er drei Nachbarn vor die Feme geladen,[18]) nachdem man zehn Jahre vorher einen Bürger von Ingolstadt enthauptet.[19])

Aber auch Beschwerde vor dem obersten Richter ist verboten. So wird der aufrührerische Querulant Veit Stoß, da er 1506 mit dem Kammergericht droht, in das Lochgefängnis geworfen;[20]) zwei andre unterliegen der Verbannung. 1453 ächtet der Rat einen Bürger, der ihn vor dem Hofgericht verklagte, jedoch zu Verbannung verurteilt wurde, für so lange, bis er die Unkosten erlegt; da er sich weigert, wird er in die Aberacht erklärt.[21]) Außerdem wären noch mehrere Bestrafungen wegen Klagen bei geistlichen Gerichten, dem Burggrafen und anderen zu erwähnen.

Sowohl um vor mutwilligen Klagen abzuschrecken, als auch behufs Sicherung der Kosten, muß sich der Kläger verbürgen, ja oft sogar der Haft unterwerfen. So geben sich, während Kaiser Sigismund in Nürnberg weilt, zwei Ritter selbst in Verhaft unter gegenseitiger Anklage wegen Mordbrands. Der eine wird zum Feuertod verurteilt, begnadigt und dem andern zu ewigem Gefängnis überantwortet.[22]) Als Holzschuher im Senat die Ver-

---

[15]) Rtschlb. Sim. Clüv., 832.

[16]) Ref. Tit. I G. 9.

[17]) s. z. B. Rtb. 0, S. 28, 54, 151, 155, 158, 161 St.A. insb. d. treffl. Auff. Mummenhoffs, Gesch.-Ver. I, 1.

[18]) Ann. 1478.

[19]) Ann. 1468.

[20]) Rtb. VIII, 231 K.A.

[21]) Ann. 1453.

[22]) Hegel I, 377.

haftung Tetzels, der „des Raths Geheim eröffnet“ begehrt und durchsetzt, wird er selbst zugleich unter Bewachung zweier Reißigen gefangen gehalten, bis der Konsulent Dr. Letscher dies mißbilligt, da ja in diesem Fall der Rat von Amts wegen und unter eigner Verbürgung vorzugehen verpflichtet sei.[23]) Bei Muffel dagegen werden die beiden Losungschreiber, als sie den Doppeldiebstahl des Losungers den obersten Hauptleuten angezeigt, zum Schweigen verwiesen und die Sache neun Monate geheim gehalten, bis noch ein Treubruch Muffels dazukommt.[24])

Fremde Fürsten und Städte verpflichten sich gleichfalls in ihrer Vollmacht zur Bürgschaft; nimmt eine Gemeinde einen schädlichen Mann an, um ihn zu berechten, so haften nach einem Ratserlaß die Angehörigen derselben gemeinsam.[25])

Sehr groß ist die Zahl der auswärtigen, meist sorgfältig ausgeführten Vollmachten,[26]) welche auf den Anwalt oder „gewaltzbot, zaigern ditz briefs“, den geschwornen Ankläger[27]) oder direkt auf den Löwen ausgestellt sind,[28]) im Gericht niedergelegt und als Legitimation für die Richtung in die Halsgerichts- oder Briefbücher eingetragen werden. Mitunter fertigt der ernannte Anwalt noch eine spezielle Vollmacht für den Löwen.[29]) Bei bischöflichen Städten liegen oft zwei Vollmachten vor, die des Bischofs und die des Rates, oder es erklärt ersterer, daß er diesen um Beidrückung seines Siegels gebeten.[30]) Man scheint in der Regel sehr gewissenhaft vorgegangen zu sein, wie z. B. die Dinkelsbühler versichern: „Das Wir darumb mit gutem Verrat, freyem willen und zeytiger vor-

---

[23]) Rtb. X, 283ff., 286 St.A.

[24]) Muffelakt, 35.

[25]) wo ein gemein hinfür ein schedlichen man annympt, den sie berechten wolle, so ist eins Rats meynung, das sie alle gemeinlichen doran bezalen sollen Rp. 1471, XII, 4.

[26]) H.G.B.

[27]) heintzen Sneider gemeiner Stat Bamberg geswornen anclager zeiger ditz briefs, H.G.B., 18.

[28]) s. Ankl. v. Rats wegen I. Per.; leb als Volmechtiger anwald des Burgerm. v. Rat von Regenspurg, H.G.B., 34.

[29]) Ulrich Schewblein des Hochwurdigen Bischoue zu Würtzburgk voyt. In krafft desselben seinen gewaltz volmachtigen Gewalt befohlen v. gegeben Hannsen Schober dem Leben hie zu Nurmberg, H.G.B., 4.

[30]) Jch Rosenberg Ritter des hochw. fürsten von eystett. Vnd des alles zu Urkund v. getzewgknuß hab ich gebetten Burgermeister v. Rate zu Berching das sie einer stat Innsiegel an den brief gedruckt haben, H.G.B., 12.

betrachtung So wir In vnnser Ratstuben Rätlich versammelt gewesen ... geordnet Hannsen Schober (den Löwen) ...[31])

Neben der Bürgschaft versichert die klagende Behörde, daß alles, was der Anwalt vollbringt, ihr guter Wille und zu ihrem Gewinn und Verlust sei, daß sie sich für Schadloshaltung des Anwalts mit aller ihrer Habe und ihren Gütern verpfände, daß endlich alles nach Gewohnheit und Form des Reichsgerichts zu Nürnberg geschehen solle.[32]) Der Thäter, welcher natürlich kein herübergelieferter, sondern stets von der Stadt selbst aufgegriffner ist, wird gewöhnlich ganz kurz (Thoman lochner unnser mordprenner) bezeichnet,[33]) selten findet sich nähere Erläuterung des Verbrechens.

Die Aufgabe, die einem solchen Anwalt gestellt ist, zeigt am besten eine Bamberger Vollmacht:[34]) „vf obbestimbten Rechtag vnd so offt das in der sach not geschicht vor egemelten gericht zu beclagen vnd anzesprechen solich clag so die notturft das erfordern wird zu beweysen, kuntschafft vnd zeucknüs darumb furzebringen, sein antwort, aussage vnd gegenrede anzesachten vnd abzuleinen, alles wie vnd souil sich nach ordenung des gerichts daselbst zethun gepurt Rechtsatz zethun, Vrteil vnd vollefurung derselben zehorn vnd zebitten vnd alles nemen vnd das von Vnnswegen."

Eingreifen in das Beweisverfahren oder Anwesenheit bei der peinlichen Frage ist selbstverständlich nur mit besonderer Genehmigung des Rates möglich.[35])

Von seiten des Kaisers ist die durch Vermittelung des Grafen Leyningen 1401 erfolgte Anklage und Richtung des Arztes Meister Hermann, der auf Antrieb der Italiener (Galeazzo Visconti) Kaiser Rupprecht vergiften wollte,[36]) ferner die eines diebischen Kirchners durch Kaiser Friedrich (1471),[37]) abgesehen von einigen Fällen, in denen Begnadigung erfolgte. Von fürstlichen Klägern erwähne ich nur die Kurfürsten von Sachsen (1496), Herzog Albrecht von Bayern (1507), Markgraf Kasimir von Brandenburg (1525), die Bischöfe von Bamberg, Würzburg, Regensburg und Eichstätt.[38])

---

[31]) H.G.B. 7.

[32]) H.G.B. 4, 7, 19, 20.

[33]) H.G.B. 19.

[34]) H.G.B. 18, 19.

[35]) Rtb. XIV, 93 K.A.

[36]) Hegel I, 54.

[37]) Ann. 1471.

[38]) H.G.B. 21; Ann. 1507; H.G.B. 79, 18; Rtb. XIV, 93 K.A.; H.G.B. 34, 12.

Mitunter wird wegen Mangels an Beweis die Klage abgewiesen oder beim Gegenteil, da sonst jure devolutionis Verfahren von Ratswegen eintritt, zur Erhebung derselben aufgefordert.[39])

Nürnberg selbst sendet nach vorheriger brieflicher Verständigung ein oder zwei Ratsfreunde (Ratsherrn) mit dem Kläger[40]) oder — was später die Regel — mit dem Löwen, wenn nicht der betreffende Stadtkläger am Ort der Richtung bevollmächtigt wird, wie z. B.:[41])

„Bekennen offenlich das wir petern hüttman von Pern der Zeit gemainer anclager zu Bamberg vnnsern gantzen gewallt In vnnserm namen auff obgerürten Rechtag vor dem Statgericht vnd Zentgericht zu B. nach peinlicher gerichtsform zuerscheinen — anuclagen, zu beschreyen vnd gerichtshilff domitt er vom leben zum tod pracht werde" (1501).[42])

Sie kommen meist erst am Rechtstag an, weshalb sich auch zuweilen der Nürnberger Nachrichter, wenn es an einem solchen mangelt, in deren Gefolge befindet.[43]) Andernfalls ersucht der Rat, wie in letztangeführter Vollmacht: „Ir wollet vnns zu derselbigen peinlichen rechtfertigung ewern züchtiger auff vnnsern costen vergonnen."

Die sonst ergangenen Klagen und Anzeigen werden sorgfältig in besondere Bücher „das geschworne Buch", bisweilen mit oder ohne Bezeichnung des Klägers in das Achtbuch eingetragen.[44])

---

[39]) boten gen Bernheim von den gefangen wegen Im loch, wie man in seiner sag nicht finden möcht, dorumb er zu berechten were St.R. XII, 84: Brb. XLVIII, S. 62; s. Verurteilung.

[40]) z. B. Ann. IV, 45 H.St.B.

[41]) Brb. XLVIII, S. 74.

[42]) Wir senden vnsern diener zu reden von den gefangen wegen die bey ew ligen v. biten mit gantzen fleiße, daz Ir Im gelauben, gütlichen verhoren v. vertigen wollet v. besunder, waz der ein schedlich mann bekenne, daz Ir vns des an ewern brief verschriben wissen lasset, Brb. I, 233; Ein gewöhnl. Kläger ist es wohl: ad instanciam wolflin de nurnberg proscripti sunt apel schalksuelt dictus tucher, heinr. schilling, teinhart pistor, Rotenb. Achtb. II, 40; Brb. XLVIII S. 73; XLIX S. 127.

[43]) Ann. IV, 45 H.St.B.

[44]) von des todslags wegen Rußwurm einschreiben, Rp. 1449, III, 11.

Im Lochgefängnis.

„Im Loch aß ich zum ersten mahl,
„Hät ich gehabt damahls die Wahl
„Wär ich viel lieber gewest im Walt..[1])

Nur ein Streiflicht gilt es zu werfen in jene dunklen gruftigen Kammern, die des Rathauses Grundfeste durchkreuzen, wo die auf den Hals Gefangenen Wochen, Monde schmachteten in trostloser Verlassenheit, die nur in dem Inquirieren durch die Schöffen, in der Peinigung der Folter traurige Unterbrechung fand. War doch dies Verweilen in beständigem Dunkel, die fortwährende Ungewißheit, ob es nun zu Ende mit Befragen und Foltern, ob nun die Unschuld gesiegt, Freiheit die nächste Folge sei, oder ob sie bald kommen zur Abholung der letzten Urgicht, zum letzten Geleit auf den Rabenstein, — schon an und für sich ein Foltergrad zu nennen und nicht der gelindesten einer! Saxa loquuntur!: Schon diese engen, düsteren Zellen sind uns beredte Zeugen damaliger Humanität und Justiz; ein längerer Aufenthalt in ihnen vermag allein den Gefangenen derart mürbe zu machen, daß er dem stumpfen Fatalismus ergeben weder psychische noch physische Kraft besitzt, wenn es heißt, den scharf durchdachten und oft mit raffinierter Zweideutigkeit bewehrten kaptiösen Fragen, den Folterqualen die erforderliche Geistesgegenwart und Ausdauer entgegenzusetzen.

Und doch ist dies Gefängnis nach damaligen Begriffen und im Vergleich mit den schrecklichen Burgverließen der Faustrechtsperiode, in denen manch harmloser Bauer, den man auf mutwilliger Plackerstreife aufgegriffen, „faulen" mußte, noch human zu nennen. Auch muß man hierbei zwischen den eigentlichen Untersuchungs- und den Polizeigefangenen unterscheiden. Das Lochgefängnis diente nicht nur zur Beherbergung notorischer Verbrecher und gefährlicher Wegelagerer, sondern auch als Haftlokal jeglichen Gelichters, das man wegen geringerer Frevel dingfest gemacht oder des Nachts in Schlupfwinkeln und berüchtigten Kneipen aufgelesen. Diese, welche meist in der nächsten Sitzung zur Abwandlung kamen, waren jedenfalls fessellos in den vorderen Räumen untergebracht, während die auf den Hals Gefangenen in den hintern Zellen in Ketten oder im Stocke lagen. Der Ketten wurden sie nur aus besondern Gründen erledigt; um sich besonders für die peinliche Frage kasteien zu können, erhielten sie oft nur Wasser und Brot.

[1]) Lochordnung (Waldau. N. Beitr. I, 432).

Da es als schwerste Untersuchungshaft galt, so wurden harmlosere und insbesondere vornehmere Gefangene auf den Turm oder zum Stadtknecht gebracht, bei Auftauchen schwereren Verdachtes aber in das Lochgefängnis geliefert.[2])

Das Mobiliar bestand meist aus einem hölzernen Ruhelager, einer Decke (Kotze) oder einem Pelz und einem verdeckten Kübel, der zugleich als Tisch diente; des Winters durchdämmerte und durchwärmte eine kohlengefüllte Pfanne notdürftig den feuchtkalten Raum.[3]) Sie diente zugleich zur Lüftung d. h. Ausräucherung der Zelle; wirkliches Reinigen war wohl seltenes Vorkommnis, wird wenigstens von Stark als besonders bemerkenswert hervorgehoben, wie auch der seltene Fall, daß sich zu gleicher Zeit kein einziger Gefangener im Lochgefängnis befand.[4]) Mitunter wurde angeordnet, Wachslichter im Loch zu gebrauchen, „von des geschmacks wegen"; jedenfalls aber nicht für immer, sondern nur für so lange als Schöffen inquirieren.[5])

Zwölf der Zellen sind numeriert, die beiden hintersten außerdem mit einer schwarzen Katze und einem roten Hahn versehen; in den zwei großen Gelassen, in denen sich Stöcke befinden, waltete der Stockmeister, dem die Kriegsgefangenen überliefert wurden, welchen er durch schmerzvolles Einspannen in die Stöcke Anschläge der Feinde zu entlocken suchte. Durch einen verschlossenen Gang gelangt man in den erhöhten, gewölbten Folterraum, die Kapelle.[6])

Als oberster Gebieter des Lochgefängnisses fungiert der Lochhüter oder Lochwirt, scherzweise auch Wirt zum grünen Frosch genannt. Er bekleidet eine keineswegs beneidenswerte, sehr verantwortliche und gefahrvolle Stelle. Bei seiner Ernennung muß er Kaution erlegen, auch wird er, wie seine Frau und Magd, besonders ver-

---

[2]) Weill die Linckin in procinctu partus wirdt sie nit woll an Kette geschlossen aber sonsten in guter Verwahrung können geh. w. Rtschlb. 1606 (Consiliorum Crimin.); Rp. 1533, VIII, 14; H. konig Wasser u. prot Ins loch u. morgen zu red halten, Rp. 1532, I, 16; III, 3; berüchtigte diebin auß Eyßen in das loch Rp. 1534, XII, 12; die maid so diebstals halben In den eysen, zu red halten v. sy auff das loch bedroen l. Rp. 1534, VII, 12; Rp. 1534, VIII, 7.

[3]) Lochordnung, Tuchers Baumeisterb., 118; s. a. Mummenhoff, d. Rathaus zu Nürnberg, 16 ff.

[4]) Stark, 1613, St.A.

[5]) Rtb., I, 392 St.A.; Rp. 1471, V, 15.

[6]) die sieben von swabach Ins loch dem stokmeister z. g. Rp. 1449, IX, 20, die von pyrpaum dem stockmeister schatzen v. hart zu halten Rp. 1449, X, 3; s. Tortur.

eidigt; einmal werden hierbei vier Bürgen erwähnt. Ob er, ähnlich dem Löwen, für unehrbar gilt wegen des beständigen Umgangs mit den Verbrechern, ist nicht ersichtlich, auch nicht, ob er Bürger werden kann; 1474 wird der Mutter eines Lochhüters wegen seiner Dienste das Bürgerrecht erteilt.[7]) Er hat u. a. die Habe der Gefangenen aufzubewahren,[8]) für dieselben Almosen in Empfang zu nehmen und besorgt alle im Lochgefängnis notwendigen Geschäfte, wofür er freie Wohnung, einen ansehnlichen Sold, mitunter besondere Belohnung erhält.[9]) Bei der Untersuchung selbst ist ihm keine Rolle zugedacht, außer daß er, wohl ausnahmsweise, beim Geständnis Muffels als Zeuge zugezogen wird, welcher ihn auch in seinem Testament mit einem Legat bedenkt.[10]) Was er an Gegenständen für das Lochgefängnis bedarf, wird ihm vom Baumeister geliefert;[11]) auch hat er die sonstigen Ausgaben für die Gefangenen zu verrechnen, die alljährlich große Summen in Anspruch nehmen. Im übrigen haftet er für die sichere Verwahrung seiner Pfleglinge und entgeht der Strafe nicht, sofern er sich beim Entkommen eines solchen eine Fahrlässigkeit zu schulden kommen läßt. 1512 wird bestimmt, daß er diejenigen, welche wegen einer Leibesstrafe in das Loch geliefert werden, genau untersuchen soll und „ob messer, Negel oder annders damit ymand im selbs am leib oder zu seiner erledigung möcht schaden oder vorteil bringen befunden wurd, das soll denselben gefangen genommen werden". Gefährlichen Gefangenen werden bisweilen Wächter beigesellt. Verkehr zwischen ihnen und mit der Außenwelt ist, wiewohl er öfters ermöglicht wird, strenge verboten. 1532 wird dem Lochhüter gesagt „wo er einen gefangenen hab, der sich vnterstee herauszureden, den selben wol hinhinder zulegen". An Selbstmördern mangelt es nicht; auch über Geistererscheinungen und andere Halluzinationen berichten hier und da die armen Verzweifelnden im Verhör.[12])

---

[7]) Rp. 1474, IV, 1; Rp. 1556, II, 32, III, 20, 24.

[8]) So fürbas yemant in das loch gelegt wird was gelts bei im funden wäret Sol dem lochhüter vberantwurt werden, der es fürbas innebehalten sol, biß die gefangen geuertigt oder vßgelassen werden, doch mag er in mittler zeit von solichen gelt dem gefangen wo das krankhait oder ander redliche sach eruordern zymlicher weise gutat beweysen Rtb II, 58 St.A.

[9]) 1508 jährl. 32 fl. Rtb. IX, 2 St.A.; 1509 : 40 fl. Rtb. IX. 147 St.A.; der teuern zeit wegen 10 Pfd. zu einer vererung Rp. 1534, I, 15.

[10]) Muffelakt, 33; 15.

[11]) Baumeisterb. 118.

[12]) Rtb. IX. 416 St.A.; Rp. 1533, VIII 1; 1532, IX, 11; Hans Unfug Urgicht S. 1 L 3 Nr. 27 K.A.; Achtb. 1604—1611, 18.

1406 wird der Lochhüter von einem Knecht, der hierauf selbst gerichtet wird, ermordet.[13])

Alle die im Loch berufsmäßig beschäftigt sind, werden besonders vereidigt; Unbefugten ist der Zutritt strengstens untersagt.[14]) So wird 1496 des Lochhüters Magd, welche ihren Buhlen, einen Schlossergesellen, einließ, auf drei Jahre die Stadt verboten.[15]) Später scheint jenes Verbot aber derart mißachtet worden zu sein, daß der Rat zu ernstlichem Einschreiten veranlaßt wird: Ein Lochschreiber wird mit sofortiger Entlassung bedroht;[16]) „Vnd dieweil dieses hinabfuren daher kommen das die herrn Schöpffen vielmals selber leuth desgleichen die herrn Stat Richter v. Prister mit sich Ins loch Ja wol auch gar mit Ihnen Inn die frag wann man die leuth gemartert v. peinlich gefragt v. sonst allenthalben herumber gefürt Darauf Ihnen die Cantzelisten nachgeuolgt" wird dem Lochhüter befohlen „wann sich Jemand vorthin mit gewalt Ins Loch hinab bringen werde Ihnen Daniden In ein Presaun zu uersperren v. dem Burgermeister anzuzeigen Solches alles auch fleißig Inn das Manual zu uerzeichnen damit Junge Schöpffen dessen ein wissenschafft haben mögen."

Durch Erlegung einer Kaution mögen hie und da Lochgefangene bedingte Freiheit erwirken, wenn nicht schwere Verbrechen in Frage stehen.[17]) Sonst werden ihnen außer bei Krankheit und nach Absagung des Lebens wenig Erleichterungen gewährt.

Will jemand seinen letzten Willen, der allerdings selten gewürdigt wird,[18]) erklären oder wichtige Mitteilungen eröffnen, so wird ein Lochschreiber berufen, welcher dann, mitunter vor der verschlossenen Kerkerthüre, die Aussage niederschreibt. Freilich veranlassen dies die Gefangenen oft nur, um Abwechslung in ihre Einsamkeit zu bringen und auf Momente in die Verhörstube zu gelangen, da die Schöffen in wichtigen Fällen, namentlich bei Aus-

---

[13]) St.R. V, 21.

[14]) Ein Eydt zu begreiffen den gesellen die zu den gefangen in das loch beschieden sein Rp. 1474, VIII, 5; Rtb. IX, 258 St.A.

[15]) Rtb. VI, 284 St.A.

[16]) Rtb. XXXVIII, 566 (1580) K.A.

[17]) des wunten frewnd auch hören ob sie willen des Rudolff sun auf silbrin pfand außgeben, Rp. 1449, VIII, 5. Auch auf Wiedergestellung: swern, daz sie sich wieder in das loch stellen sullen, wenn wir sie manen, Rp. 1449, IX, 19; Achtb. 1448, 36: stadlerin, da schwanger aus loch gel. mit einer pflicht so leib v. Gut nit zuuerucken.

[18]) s. Verurteilung.

sagen gegen andre Gefangene, ein eingehenderes Verhör daran knüpfen.[19])

In Krankheitsfällen, die ja oft genug auch infolge der Tortur eintreten, wird der Leidende auf das Votum der Schöffen und des Wundarztes hin auf den Turm transslociert oder es wird ihm gestattet, „zur zeiten herfür In die stuben“ zu gehen.[20])

Die barmherzigen Schwestern des Lochgefängnisses sind die sogenannten Geisterinnen,[21]) Frauen, welche freiwillig die kranken Verhafteten pflegen und diejenigen, denen man das Leben abgesagt, im Verein mit den beiden hierzu beorderten Priestern[22]) in den Tagen vor der Richtung zu trösten suchen. Hierfür steht ihnen eine Truhe zur Verfügung, welche Kissen, Polster und dergleichen, insbesondere die zur Reichung des Sakramentes nötigen Gegenstände enthält; zur Anschaffung und Erhaltung derselben ist ihnen vom Rat ein Ewiggeld angewiesen, woneben Stiftungen mildthätiger Bürger bestehen. Jedenfalls werden auch Verwandte zur Krankenpflege zugelassen.[23])

In den letzten Tagen kommen die Verurteilten, wenn auch unter besonderen Vorsichtsmaßregeln und schärffster Bewachung in eine erleuchtete, geräumigere Zelle; es wird Almosen für sie gesammelt,[24]) ihnen das genau spezifizierte Henkersmahl gereicht;[25]) auch ein Andachtsbüchlein dient zu ihrer Tröstung.[26]) Der Lochhüter verläßt sie übrigens bis zur letzten Stunde nicht, indem er bis 1484 wenigstens „hantzwehel und fleschlin“ vor ihnen zur

---

[19]) wo hinfüro eynicher gefangen v. e. handlung oder geschichten sagt, die in der Stadt hie oder in der gericht hierum sollen gescheen sein. So sollen sich die Schopffen des mit vleiß erkundigen, Rtb. II, 262 St.A.

[20]) fridman fund man das er so krank auf Ein Thurn, Rp. 1449, VIII, 1; Rp. 1478, XI, 24; souehr er schwach herfür Ins Stüblin z. l. Rp. 1535, XI, 11; 1556, IV, 16; einen aus der Canzlei der sich helchners krankhait erkundig Rp. 1532, VI, 23.

[21]) Baumeisterb. 119; dem Wuntarzt von dem Beheim der in dem loch geuangen lag v. der im selben die keln absneyt, daz er in heilt, J.R., 1381, Nr. I, 9.

[22]) Rtb. IV, 180 (Barfüßerguardian), K.A.

[23]) Jungfraw Dorothee zu dem falken in d. l. gen laszen sein zu pflegen Rp. 1474, IV, 15; Helchner das küß so in sein hausfrau geschickt in die gefencknus geben doch zuuor fleißig ersuechen Rp. 1532, VI. 1.

[24]) Rtb. IV, 45, St.A.

[25]) Jäger, jur. Magaz. III, 84.

[26]) Rp. 1478. XII, 1.

Richtstatt trägt, um ihnen den Schweiß zu trocknen und sie mit Wein zu erquicken.[27])

Einmal wird dem Henker das Grabgeld für eine kranke Frau zugesprochen, wiewohl sie wieder genas.[28]) Wer im Loch stirbt oder sich tötet, über den wird trotzdem noch gerichtet oder gegen ihn als Selbstmörder verfahren.[29])

Ausbrüche aus dem Lochgefängnis kommen öfters vor, mitunter werden sie mit großer Raffiniertheit ausgeführt.[30]) 1441 wird des Lochhüters Magd wegen Verdachts der Beihilfe auf längere Zeit in Verhaft genommen, einmal er selbst ausgehauen.[31])

Alle Verbrecher des Stadtgebietes müssen in das Lochgefängnis geliefert werden, aber auch von der Landschaft bringt man sie der Untersuchung wegen oft herein, unbeschadet des Richtungsrechtes des betr. Gerichtsherrn[32]). 1446 werden Gostenhofer Schöffen, welche die Auslieferung von Gefangenen verweigern, abgesetzt und verbannt.[33])

1437 soll ein angeblicher Hussit, welcher von einem fremden Pfleger aufgegriffen worden, in Lochverhaft kommen. Vor dem Rathause klagt er, daß er so hart gebunden sei. Man löst die Fesseln, da fällt ihm ein Fuß weg (?), der andere ist völlig abgestorben. Auf Anzeige des Rates bei Kaiser Sigismund wird er — inzwischen auf dem Turm untergebracht — auf Urfehde freigelassen.[34])

Während Muffel von seiner Verhaftung an bis zum Rechtstag das Rathaus nicht mehr verläßt,[35]) verfährt man mit dem des Hochverrates angeklagten Tetzel gelinder. Er wird vorerst mit Hausarrest belegt, dann in einem verhangenen Wagen zum Luginsland gebracht und dort unter Bewachung zweier Reisigen festgesetzt. Der Stadtknecht und sein Weib werden vom Turm ge-

---

[27]) 1484 lochh. zu tragung der hantzwehel v. fleschlins andern bestellen, Rtb. IV, 92 St.A.; 1543 dem leben übertragen. Rtb. XXI, 225 K.A.

[28]) von einer frawen die etwilang in dem loch v. dem hoher zu graben v. die doch genazz, J.R. 1381. I, 9.

[29]) Ann. 1415, 1396.

[30]) 1441, Rtb. 0, 45, St.A.; Ann. 1578.

[31]) St.R. XII, 77 K.A.

[32]) Rtb. I, 31; Rtb. VIII, 124 K.A.

[33]) Rtb. Ib, 160 K.A.

[34]) St.R. X, 50b; Ann. 1431.

[35]) Muffelakt, 35.

schafft, die Schlüssel dem Kriegsherrn in Verwahrung gegeben, die Speisen für ihn auf dem Rathaus gekocht.[36])

Eine Besprechung der übrigen Gefängnisse, sowie der auf Verhängung von Gefängnisstrafe bezüglichen Fälle gehört nicht in den Rahmen unserer Aufgabe. Auf Einmauerung von Bürgern, insbesondere Ratsmitgliedern, wird auch in dieser Periode öfters erkannt, ebenso werden Ungeratene auf Antrag ihrer Verwandten im Turmverhaft unschädlich gemacht oder zu Hause in Fesseln gelegt.[37]) Im Erkrankungsfall werden Turmgefangene in das dortselbst befindliche Stadtknechtsstüblein verbracht, was ja gleichfalls und zwar als die mildeste Art der Detention gilt.

Tortur und Geständnis.

„Da must ich thun die erste Beicht
„Vor Leuthen die nicht seyn geweicht.[1])

Die in der kanonischen Inquisition verpönte, durch spanische Ketzerrichter nach dem Vorbild Roms in das Verfahren eingeflochtene und hierdurch in die deutsche Praxis eingeführte Tortur findet sich für Nürnberg zuerst in Meisterlins Chronik angedeutet, wo 1349 der Rat vor seiner Flucht die Aufrührer mit Martern bedroht und Hans von Haydeck, der Führer der Patrizier, durch „Aufdehnen" seines Knechts dem Verrat entrinnt.[2]) Ist es auch nicht ausgeschlossen, daß Meisterlin hier einen Brauch seiner Zeit einem frühern Jahrhundert oktroyiert, so nehmen doch die Torturkosten in den Stadtrechnungen von 1377 an eine so respektable Stellung ein, daß die Annahme, es habe die Folter schon während des Aufruhrs im Nürnberger Verfahren eine Rolle gespielt, nicht gerade abzuweisen. Lag es infolge des Leumundsprivilegs in des Rates Kompetenz, auf peinliche Strafe zu erkennen, so war er doch keineswegs befähigt, ohne Mitwirkung des Schultheißen mit

---

[36]) Rtb. X, 287 St.A.

[37]) Thomas vögelein, der hie gestohlen v. auf den hals geuangen lag vrfeh v. sol vermauret werden v. beleiben sein lebtag A.B., 317,60; M. pomer In ein ewige gefengnus, Rtb. 0, 474 St.A.

[1]) Lochordnung (Waldau N.B. I, 432).

[2]) Hegel III, 140, 115.

peinlicher Frage gegen die Gefangenen vorzugehen. Erst 1371 findet sich folgende Verordnung:[3]) „Wann schädliche leut in jr gefencknuß kommen, wann dann der mehrer Theil des Rhats erkennt sie zu martern, soll dasselbe geschehen, und wenn des Reichs Richter nicht darbey seyn will, mag der Burgermeister ein solches thun lassen, darzu ihnen der Pann verliehen wird, wie dem Richter."

Es war also die Befugnis zu foltern als Bestandteil des kaiserlichen Banns erklärt, zur Ausübung derselben spezielle Belehnung erforderlich. Aus keiner Stelle der Ratsprotokolle ist jedoch ersichtlich, daß der Bürgermeister je eine Rolle bei peinlichen Fragen gespielt.

Nach dem schon angeführten Ratschlag betr. Muffel in Eschenau,[4]) wo es heißt, daß dieser als Gerichtsherr, da kein Kläger aufgetreten „bey hohen panen" verpflichtet sei, von Amts wegen und auf eigne Kosten peinlich zu befragen, könnte man vermuten, daß bei Vorgehen des Klägers vorerst dieser unter Verbürgung auf Tortur anzutragen hätte und erst subsidiär ein Eingreifen der Behörde stattfände. Doch ist kein Fall anzuführen, aus dem ein Einfluß des Klägers auf die peinliche Frage hervorgeht; gegen aufgegriffene schädliche Leute ohne weiteres vorzugehen, war jeder Pfleger verpflichtet. So erhielt 1503 der brandenburgische Amtmann Seckendorf von Cadolzburg eine derbe Zurechtweisung der Gestrengen Nürnbergs, da er Strolche auswies, statt peinlich gegen sie zu verfahren.[5])

Sind Verdächtige in das Lochgefängnis gebracht, so erfolgt ein, wie es scheint, ziemlich eingehendes Verhör durch die beiden überhaupt die ganze Untersuchung leitenden Lochschöffen[6]) in einer Stube des Rathauses,[7]) bei gefährlichen Gefangenen im Loch-

---

[3]) Stromer 43.

[4]) Rtschlb. 1510–30, 1.

[5]) dann dem k. landfriden ist damit nicht genug getan. Ob ir ain solh gepott hett lassen außgen die vier nicht zahawsen hofen . . . Nemlich das Sy von amptswegen sollen angenomen v. mit dem ernst gerechtfertigt werden, Briefb. XLVIII, S. 75.

[6]) So yemant In das loch kompt der Argkwenig v. verdechtlich, das die gütlich zu Rede gehalten werden one sunder befelhnuß eins Rats, Rtb. II 178 K.A.; So hinfüro yemant vßerhalb der Statt gefangen würdt in das acht oder Straffbuch zuschreiben wo v. an welchen ennden die gefangknus bescheen, das den Schreibern in das Loch geende zu befelhen, Rtb. II, 83 St.A.

[7]) vmb ein Camer zu sehen vor Inne die gefangen zu rede gehalten werden Rp. 1471, V 17.

gefängnis selbst. Die Protokollaufnahme geschieht durch die beiden Lochschreiber.

In der nächsten Sitzung referieren die Lochschöffen über jeden Inhaftierten, über seine Vernehmung,[8]) wie über die sonstigen Beweiserhebungen, worauf sich der Rat für sofortige oder bedingte Freilassung, weiteres gütliches, ernstliches oder peinliches Befragen entscheidet.[9])

Die Anordnungen des Rates sind — seit Beginn der Ratsprotokolle wenigstens — meist kurz und genau fixiert, kein Schritt in der Untersuchung ohne seine Genehmigung zulässig; die Fragstücke[10]) — anfangs höchst allgemeiner Natur,[11]) später in schwierigen Fällen von den Konsulenten verabfaßt und oft an hundert Fragen umfassend — werden ebenfalls in der Sitzung bestätigt und den Lochschöffen zur Erledigung übergeben.

Hat der Bezichtigte die That, in deren Verdacht er stand, gestanden oder nicht, er wird noch über mehrere ähnliche Verbrechen befragt, — „um mer dieberei, um Mord und anders,[12])" — wobei man sich den ausgiebigsten Gebrauch von suggestiven Fragen gestattet, so daß durch deren Bejahung die Schöffen mitunter selbst in Verlegenheit geraten, wie nach einem spätern Achtbuch bei einer angeblichen Kindsmörderin:[13]) Von ihnen beschuldigt, schon öfter Kinder beseitigt zu haben, gesteht sie dies aus Furcht vor der Folter zu, gibt die Stelle an, wo eines der Kinder verscharrt sei und beharrt auf ihrem Geständnis, wiewohl man ihre Angaben nicht bestätigt findet und die Inquirenten selbst sie beschwören, sich nicht in den Tod zu lügen.

---

[8]) von den gefangen wegen Im loch, wenn der Rat gesammet wirdet, furbringen, Rp, 1449, VIII 5.

[9]) den vngehorsamen Im loch morgen nach tisch außrichten Rp. 1449, II 5; die Jüdin we tun vynndman aber nichts an Ir das man dann die zwen cristen auf ein vrfe ledig laß v. die Judyn leenger ligen laß Rp. 1449, IX 20, das kint in das loch hie hat gelegt zu Redt halten Rp. 1471, IV 4; Nickel von Eschenbach zu rede halten v. Im droen wee tun Im eigentlichen zu erfaren des morts halben v. nit wee tun Rp. 1471, II 8; dem koch Im loch mit dem vaß anzugrewffen v. wee tun mer zu sagen Rp. 1471, III 11.

[10]) In einem besampten Rat der Interrogatoria halb fürlegen, ob man di Im gericht zu lassen wölle oder nit Rp. 1471, VII 5.

[11]) den Grawen Im loch angrewffen v. vmb raubereу des ersten v. dornach vmb mordereу, Rp. 1471, VII I. fol.

[12]) fritz meyler wee umb mer diebereу zu erfragen Rp. 1471, I 16; hanns smid statlich wee thon v. vmb mort v. anders zu red halten Rp. 1471, I 6.

[13]) Achtb. 1604—11, 172.

Manchmal wird es lediglich den Schöffen überlassen, „etlich stücklein" vorzuhalten, „ob er anbeißen wollt" oder „wee zu tun, ob er den mund auftut". [14])

Bei Anklagen von auswärts gebührt den fremden Fragstücken der Vorrang. 1527 wird den Würzburger Gesandten die Anwesenheit bei der peinlichen Befragung gestattet. [15])

Betreffs Voraussetzungen zur Tortur entbehren unsre Quellen jeder feinern Unterscheidung: Schädlichkeit, böser Leumund gilt als genügend begründend, nur der Ursprung jenes Verdachtes vermag bei der Entscheidung des Rates, ob der Beklagte der Tortur zu unterwerfen sei, noch einige Berücksichtigung erfahren. Gefangene, die auf einem der zahlreichen Streifzüge durch Söldner aufgegriffen und eingeliefert wurden, kennzeichnet schon zu sehr das Kainsmal der Schädlichkeit, als daß sie für schuldlos gelten könnten: Solche zerlumpte, heimats-, subsistenzlose Gesellen vermögen sich keinesfalls auf bessere Art, als durch Raub und Diebstahl fortzuhelfen; bei ihnen genügt geringer Verdacht, daß sie „an verdechtlichen enden" betreten, [16]) oder in der Aussage früherer Gefangener in bedenklichem Zusammenhang Erwähnung gefunden.

Bei Bürgern aber und sonst gut beleumundeten Personen kommt es sehr darauf an, wer die Klage erhoben oder den Verdacht geltend machte; ist dieser in schlechtem Ruf, so erfolgt Abweisung oder wenigstens dessen Mitverhaftung. [17])

Eine weitere Analyse der Voraussetzungen ist zwecklos; gleichgültig ist, ob Thäterschaft oder Beihilfe vorliegt, ob peinliche Strafe voraussichtlich oder nicht. Widerruf des Klägers befreit nicht, ebensowenig handhafte That und Geständnis: Sein Verbrechen ist vielleicht nur Folge früherer, durch deren Zugeständnis seine Richtung gerechtfertigter oder Schärfung der Strafe erforderlich er-

---

[14]) grawn angrewffen v. etlich stücklein fürzuhalten Rp. 1471, VI 2; Bl- man wee tun v. die stuck etliche fürhalten, ob er anbeißen wolt Rp. 1471, X 13.

[15]) Ist dieweil in den gestelten fragstücken nicht unpillichs erfunden, den Rethen peynlicher frag in beysein der verordneten schöpfen gestattet und darzu vergönnt worden, das sie neben den lochschreiber auch ein schreiber von Ires genedigen herrn wegen die sag aufzuschreiben verordnen mögen Rtb. XIV, 24 St.A.

[16]) drey geraisige, dieweil sie an verdechtlichen enden bedretten, in namen gemeyns bunds vmb peynliche Frage gegen denselbigen dreyen Reisigen anzusuchen Rtb. XIV, 4 St.A.

[17]) s. Anklage Rtb. Ib, 143 K.A.

scheint; oder er besitzt Genossen, deren Entdeckung und Verhaftung wichtig.

Zur Richtung freilich genügt in den meisten Fällen das Geständnis; dieses aber besitzt nur Gültigkeit, wenn es nach Ablegung vor den Lochschöffen nochmals vor diesen und dem Bannrichter wiederholt ist, wie schon alte Statuten besagen:[18]) „wen man umb den Halß recht, ob der icht verjehe, das hatt kein Crafft, es sey dann ein Richter dabey, der den Bann hatt von des Reichs wegen, vnd der Richter soll die Schopffen bitten, daß sie dessen gezeugen sein von Gerichts wegen."

Von übergroßer Wertschätzung des Geständnisses nach Versagen der alten Beweisfaktoren sehen wir diese und die folgende Periode befangen, es wird nicht nur regina probationum, sondern die einzige vera et rata probatio, allerdings nicht immer ohne Abweichung vom Prinzip der selbstverurteilenden Kraft des Geständnisses d. h. ohne Rücksicht auf historische Begründung: es wird hier und da nach Ablegung desselben noch bestimmt, „an dieselben ende, do das beschehen sein sol ze schicken" [19]). Und hierzu dient der ganze Apparat des Indizienbeweises, die unzähligen Briefschaften, die aus der Hand der Schöffen über Land gesendet werden.

Freilich dürfen wir letzterer Bestimmung keine zu große Bedeutung beimessen, da ja nicht gerade Wahrheit des Geständnisses erbracht werden muß, sondern schon Wahrscheinlichkeit befriedigt und diese sicher nur durch evidenten Gegenbeweis wieder zu entkräften ist. Auch wird die Erkundigung mitunter nur deshalb angeordnet, um des Inquisiten Aussage über andre in ihrer Glaubwürdigkeit zu prüfen.[20])

Jedenfalls aber ist das Geständnis, vom Inquisiten nach der Tortur frei und ungebunden abgelegt, unerläßliches Erfordernis zur Verurteilung;[21]) in zähem Festhalten an diesem Prinzip sehen

---

[18]) Stromer 103.

[19]) Jorg pferds halben so er nach seiner bekantnuß sol gestolen haben an dieselben ende do das beschehen sein sol ze schicken Rp. 1486, V 10; Sedels Sage dem Richter v. etl. Schöpffen von Wendelstein fürhalten v. sich des Handels erkundigen Rp. 1475, XII 5; wee thun auch sein bekanten diepstal nachfrag haben, Rp. 1476, V 1.

[20]) mitunter finanz. Gründe, s. Kundschaft.

[21]) H.G.O. II; Dorothea Vischerin vmb ir bekandte dieberey ernstlich rechttag Rtb. IX, 349 St.A.; Steffan hallern auf sein vrgicht v. bekantnus der notzucht ernstl. Rechttag Rtb. XIII, 350 St.A.

wir den Rat beharren selbst einflußreichen Fürsten und Städten gegenüber.[22])

Und dies versöhnt uns einigermaßen mit dem sonst strengen Verfahren der Nürnberger: Mangelt es auch an Justizmorden nicht, so ist doch auch die Zahl derer nicht gering, die als un schuldig erkannt, den Kerker verlassen. Und dies ist viel für eine Zeit, reich an politischer Drangsal bei traurigstem Darniederliegen des Sicherheitswesens im Lande ringsum. So ist auch des Rxtes Antwort 1452 auf die Klage von fünf Fürsten wegen allzuvielen Streifens kurz und bündig.[23]) „Sey nit minder, wann wir hindter sollich kumen, das wir zu denselben greiffen, vynnden wir sie schuldig, so tun wir dartzu Als sich gepürt, Sein sie aber vnschuldig. so lassen wir die vf vrfeh gütlich von uns. Zudem wer vns auch lieber, das zehen schuldig daruon komen, denn ein vnschuldiger getöt werden sollt." —

Erst wenn durch österes Bereden (baß meren) gütlichnichts zu erreichen[24]) oder sich dies nach dem Charakter des Gefangenen von vornherein nutzlos erweist, schreitet man zur peinlichen Frage. In weißem Hemd (die weißen Almen), Socken an den Füßen wird er in den sechs Stufen erhöhten, gewölbten Raum des Lochgefängnisses, die Kapelle, geführt;[25]) sie ist hell erleuchtet, Schöffen und Schreiber, Henker und Löwe empfangen den Inquisiten.

Zur Zeit der ersten Rechnungsbücher scheint man noch ziemlich systemlos und unbeholfen vorgegangen zu sein; dem Ermessen des Züchtigers blieb wohl das meiste anheimgestellt,[26]) die Instrumente, deren keines genannt, waren jedenfalls höchst primitiv, oft folterte man mehrere zusammen. An Stelle des Züchtigers fungierte mitunter der Löwe.[27])

Seit den Ratsprotokollen ist zwar jedes Vorgehen durch Sitzungsbeschluß bedingt, Zeit und Grad der Tortur weniger in die Willkür der Schöffen oder des Züchtigers gegeben, keineswegs aber die genaue Gradeinteilung und sorgfältige Vorberatung, wie

---

[22]) s. Leumundsverf.

[23]) Rtb. 0, 343 St.A.

[24]) hinkenden baß meren, den der In besagt vnter awgen stellen v. wöllt er dennoch nicht sagen, Im we tun, Rp. 1449, III 9.

[25]) Lochordnung.

[26]) dem Suspensor XI β 3 hlr, daz er zwen gemartert, JahrR I, 15: Susp. 36 β hlr daz er einen zu zweien maln gevltert, den er verderbt St.R. I, 33.

[27]) St.R. II, 76; IVa 32.

später. Die gewichtigste Persönlichkeit in der Kapelle bleibt immer der Züchtiger. Er versteht allein die Werkzeuge korrekt zu handhaben und zu beurteilen, was man dem einzelnen Inquisiten seiner Leibesbeschaffenheit nach zuzumuten vermag. Hie und da wird die Art der Tortur lediglich dem Züchtiger überlassen, besonders wenn es sich um kranke oder von der Folter bereits hart mitgenommene Personen handelt. Ja selbst bei Tetzel wird verfügt, man solle, falls er nicht gütlich gestehen würde, „Jme alßdann auff der layttern oder sunst nach Rat des nachrichters wee thun lassen.[28])

Ist der Nachrichter auswärts, so wird eine etwa erforderliche Folterung meist bis zu seiner Rückkehr verschoben.[29]) Sehr oft wird er nämlich gegen Bürgschaft mit dem Löwen in benachbarte Orte gesandt, wo er dann nicht nur „vltert oder versucht", sondern gewöhnlich die ganze Untersuchung erledigt. 1507 werden zwei Ratsdiener in Lauf zu Schadensersatz verurteilt, da sie unbefugterweise einem Dieb das Geständnis zu erpressen suchten.[30])

Wie erwähnt, torquiert auch hie und da der Löwe selbständig, doch wird mitunter hierbei zu besonderer Vorsicht gemahnt.[31]) Sonst fungiert er als des Züchtigers Adjutor; einmal kostet es einen speziellen Ratsbeschluß, ob man es wagen dürfe, einen Büttel an des Löwen Statt zur Tortur zu beordern.[32])

1503 wird bestimmt, daß Züchtiger und Löwe außerhalb der Kapelle den Haspel ziehen sollen,[33]) ob aus praktischen Gründen, oder damit sie das Geständnis nicht zu hören vermögen, ist nicht ganz ersichtlich. Bei Muffel finden wir, daß ihm seine Urgicht in Gegenwart des Lochhüters, Züchtigers und Löwen vorgelesen wird.

Schon das Zu-Rede-setzen in der Kapelle gilt als verschärftes „ernstliches" Verhör,[34]) dann erfolgt stärkere Territion, Binden,

---

[28]) Rbt. X, 297 St.A.

[29]) so der züchtiger kombt alsdann den herbolzheym statlich wee thun Rp. 1479, II 12.

[30]) Rtb. VIII 356 K.A.

[31]) den dieb zu rede halten dem wee tun v. den becken oder lorentzen dorzu gebrauchen Rp. 1475, II 9; Rtb. VI, 114 St.A.; Rp. 1475, II 10.

[32]) Rp. 1471, V 10.

[33]) Rtb. VII, 271 St.A.

[34]) Peter v. sein haußfrawen zu Rede halten in der Capel Rp. 1471, II 4; die Schopffen zu dem diep, der in vnß capellen noch ist v. Jm wee tun Rp. 1471, V 7.

Anlegen der Instrumente durch Züchtiger und Löwen, endlich das Angreifen und Wehthun.[35]

Als Foltergrade dieser Periode gelten:

Die Schrauben: das clemmen (der Daumenstock, ob auch die Beinschraube, ist nicht ersichtlich).[36]

Das Aufziehen: ledig —, mit hölzernem Gewicht, — mit dem kleinen, — dem großen nicht aufstehenden Stein (das heißt, ohne daß diese mit aufgezogen werden) — mit dem aufstehenden Stein —, mit beiden Steinen.[37]

Die Leiter (leyttern).[38]

Das Faß (vaß).[39]

Das Feuer (fewer, prand): brennende Kerzen, welche unter die Achselhöhlen gehalten werden.[40]

Dabei sind noch verschiedene Kombinationen möglich,[41] wie z. B. mit Feuer oft torquiert wird, während sich der Torquend auf der Leiter befindet, wozu noch das Anlegen der Schrauben erfolgen kann; auch wird vielleicht damals schon die Leiter mit dem sogen. gespickten Hasen, eine stachelbesetzte Walze, über die der Rücken gedehnt wird, zusammen angewendet.[42]

---

[35]) Sweblin meren v. sich beweisen Als ob man Im we tun wolte Rp. 1449, VII 14; schreiber Im loch zu rede halten, bünden doch nit we tun Rp. 1474, II 9; Seideneter binden, wil er nit sagen mit dem vaß angreuffen und wee tun Rp. 1471, V 16.

[36]) ein finger oder zwen zu clemmen, ein warhet zu sagen Rp. 1474, VI 1; maid mit daumenstock Rp. 1500, II 7; peter degen Im loch bas meren v. ein wenig clemmen Rp. 1449, X 12; die drey mit dem dawmen In fencknuß beleiben Rp. 1449, IV 9; hanns fuchß ein oder zwey nicklein zu tun Rp. 1471, VII 1.

[37]) den knaben wol Er nit gütlich In ledig auffziehen Rp. 1477, II 11; den knaben mit die hultzern gewicht aufziehn Rp. 1476, X 5; den bolacken mit dem Stein angreuffen Rp. 1471, V 10; Smid mit dem kleyn Stein wee thun v. mit beden Steynen bedroen Rp. 1478, VI 3; Veit Stöß pinden v. betroen, auff den stain auff steen Rp. 1503, 18. Nov.; den peter Im loch ein Ruck zu tun Rp. 1471, XI 7.

[38]) ob er darauf nit sagen will mit der leyttern Im droen Rp. 1475, I 3; auf die leitern pinten v. mit dem feur droen Rp. 1476, V 5.

[39]) Thumer mit dem vaß angrewffen Rp. 1471, III 7; Seidenetter findet sich etwas warlich morgen Im faß wee tun Rp. 1471, V 15.

[40]) Gans wo er nit sagen wolt mit dem fewr droen Rp. 1476, I 6; dem polacken vf sampstag bescheren v. mit dem fewr angrewffen Rp. 1471, V 11; den pollacken wieder mit dem prand angrewffen Rp. 1471, V 13.

[41]) Wölckern a. a. O. teilt allein die Anwendung der Schrauben und Steine in zwölf Grade ein.

[42]) Decker zu rede halten des Ersten mit dem Stein v. ob er darauf nit

Auch Peitschenhiebe werden „bei Jaunern, auch offenlichen Raubern von gutem Effekt befunden".[43]) Bei ganz jungen Personen findet sich wiederholtes „rwten hawen, aufziehen on stein vnd mit die hultzern gewicht".[44])

So viel über die Foltergrade des XV. Jahrhunderts; in der Lochordnung fehlt das Feuer, wiewohl es sehr häufige Anwendung erfährt.

Bei Bürgern, insbesondere Patriziern gelten in der Regel mildere Grundsätze, sobald aber das Interesse der Republik in Frage steht, verfallen sie der nämlichen Strenge. So wird Tetzel, wie erwähnt, mit der Leiter oder, was sonst nach Rat des Nachrichters dienlich, bedroht[45]) und Muffel, in dessen Protokoll öfters post torturam verzeichnet und der schließlich behauptet, das Bekenntnis sei ihm durch allzugroße Marter erpreßt worden, wird wohl mit keinem gelinderen Grad bedacht worden sein.[46])

Oft foltert man mehrere zusammen, lediglich deshalb, weil sie „dabey" waren. Besonders Mitgefangene werden gegenseitig als Zeugen ausgebeutet, wobei man dem einen glaubhaft macht, der andre habe bereits mehrere Verbrechen von ihm angegeben, er solle dessen ebensowenig schonen.[47]) Das Befragen „nach gesellschaft" bildet überhaupt einen wichtigen Teil der Untersuchung; namentlich solche, die „genug gestanden[48])" d. h. den sichern Tod vor Augen sehen, erfinden oft noch hiezu, um zu bramarbasieren oder um

---

sagen will Im donach mit der leyttern droen v. dornach mit dem fewr noch brennen Rp. 1475, I 3; Auf die leitern pinten v. mit dem fewr droen v. mit dem stein we tun Rp. 1476, V 5.

[43]) Wölckern 229.

[44]) den knaben Im loch mit rwten woll zu hawen v. dorauff von des blinden wegen zu rede halten Rp. 1474, V 3; den buben Im loch noch einmal mit rwten hawen Rp. 1474, V 4; knaben mit die hultzern gewicht aufziehn Rp. 1476, X 5; knaben ledig auffziehn Rp. 1477, II 11; diern on stein aufziehen Rp. 1486, III 4; 11 Pfd. u. 2 ß hlr daz neun knaben im loch vertzert, dem züchtiger der Ir etlich mit gerten gestraft, dem leben als man sie versucht St.R. VI, 29b.

[45]) Rtb. X, 296 St.A.

[46]) Ann. 1469.

[47]) wee tun v. Im sagen der zilbolen habe sein mundt aufgeton von Im Rp. 1471, III 10; den zilboltz anzugreuffen vor dem thumer v. Im sagen er habe von Im gesagt v. sein nit geschont, das er sein auch nit schon Rp. 1471, IV 3.

[48]) schmid ernstlich Rechtag in mittler Zeit In gütlich rawberey halb zw Red halten Rp. 1486, VI 10.

andre zu verderben, eine unglaubliche Zahl von Unthaten, die sie selbst oder jene begangen haben sollen. Alles dies wird sorgfältig aufgezeichnet, um bei Verhaftung der Bezeichneten als Material für Fragestücke zu dienen. Beim Befragen nach abgelegter Urgicht ist es Regel, daß keine Tortur eintreten darf:[49]) einmal wird Beschwörung der Aussage gefordert. Auf Verwandtschaft wird keine Rücksicht genommen; so wird einer, der nicht Friede geloben will, gebunden und gefragt „von der muter und tochter auch des vaters handel".[50]) — 1527 sendet der Rat einen Bevollmächtigten nach Gräfenthal, um „im namen gemeyns bunds zu Schwaben vnd eyns erbern Raths" peinliche Frage gegen drei Reißige zu begehren „dieweil sie an verdechtlichen enden bedretten".[51])

Auch die Kriegsgefangenen werden mitunter gefoltert, um sie über die Anschläge der Feinde auszukundschaften. Sie werden dem Stockmeister „in prisaun" gegeben und „in den stock mit gepunden henden, daz sie mit dem leib swebten" gelegt;[52]) es scheint dies aber nicht immer von Erfolg gekrönt zu sein, da es an der betr. Stelle weiter heißt: „man kant aber nie nichtz an sölchen ereischen, da auf zu halten wer." Bei diesem „schatzen und hart halten" richtet man sich meist nach der Behandlung, welche die eignen Leute beim Feind erfahren; hie und da werden diese nach ihrer Rückkehr zur Rede gestellt „was man sie In die fenncknuß genott vnd zugemut hab".[53])

Zur Wiederholung der Tortur bedarf es gewöhnlich keiner Nova, es genügt, daß es „vast verdachtlichen ist";[54]) 1459 wird jedoch bestimmt: „Jorgen tumer rwen lassen biß die Deutschen herrn mer fürbrengen oder ersüchen."[55]) In der Regel wird, wenn sich bisher Unbekanntes aus der Aussage ergibt, sogleich nach der Befragung Erkundigung eingeholt,[56]) ob es glaubwürdig sei;

---

[49]) die vier gefangen baß meren von gesellschaft nit we tun Rp. 1449, III 8; Schüttensamen gütlichen zu rede halten von peter Truchses wegen Rp. 1474, VIII 6.

[50]) Rp. 1471, XI 1.

[51]) Rtb. XIV, 4 St.A.

[52]) Hegel II 267.

[53]) Rp. 1449, XII 1.

[54]) Decker wieder wee tun vmb mer dieberey nachdem er vast verdachtlichen ist In seinen hendeln v. von sein fraven zu fragen Rp. 1475, I 1.

[55]) Rp. 1471, III 13.

[56]) heintz von Culmbach wee thun v. seiner bekenn die schopfen sich erfaren ob es grundt hab Rp. 1471, I 6.

hierauf in folgender Sitzung referiert und dann das Weitere verfügt. Bisweilen treten Ruhepausen ein,[57]) wenn nicht ohnehin die Wunden des Gefolterten Einhalt gebieten. Dies zu beurteilen, „wie es vmb sein clieder bestellt sei", ist Sache der Schöffen.[58]) Manchmal wird freilich trotz der Verwundung weiter gefoltert,[59]) wie bei einem „polaken", der in seltenem Trotz aller Drohungen spottet und alle erdenklichen Folterarten, worunter zweimalige Feuertortur, siegreich besteht, bis der Rat zornig befiehlt: sie sollen „ein marter fürnehmen, wie sie mogen die sage von Jm brengen vnd sein nicht schonnen"[60]) — wahrscheinlich, weil die Schuld durch andre Beweismittel verbürgt scheint. Seltsamerweise wird er bald darauf in Freiheit gesetzt.[61])

Wie oft eben auch der Folter Schuldige und Schuldlose erlagen, mitunter erwies sich selbst die unerbittlichste Tortur machtlos gegen männliche Ausdauer und Willenskraft. So ist hier aus späterer Zeit ein Dieb anzuführen, der trotz „allerley wider ihn einkommen indicia und kundschaffters" und trotz der Feuertortur nichts gestehen will, so daß der Nachrichter „darfür helt, hab es diesser gesell darauf gesetzt, daß er eher an der Marter sterben, alß bekennen wölle, wie Er dann an Jhme gemerckt, daß er in der Tortur mit fleiß allen atem an sich gezogen, und damit vermeint, Jme etwas im leib zu zersprengen, daß er daran blieben were". Da erbietet sich sein Weib „alles ihrem Mann vnter Augen zu sagen". Er gesteht sofort und wird gerichtet![62]) Noch zwei Fälle, in denen die Ehefrau das Geständnis herbeigeführt, wären aus dieser Zeit erwähnenswert.[63])

Das abgelegte Geständnis wird, bevor es zu endgültigem Ent-

---

[57]) Vlrichen die heilige Zeit liegen lassen Rp. 1449, III 9.

[58]) thumer zu besehen wie es gestelt sey vmb sein clieder Rp. 1471, IV 2; den Sweitzer angrewffen nach Rat des züchtigers und meister Erharts barbires Rp. 1471, IV 4.

[59]) von des pollacken wegen vf die Schopffen gesetzt seiner krankhet halben Im vaß wee zu tun Rp. 1471, V 17.

[60]) zu dem pollacken der nit sagen will ein marter fürnemen, wie sie mogen die sage von Jm brengen v. sein nicht zu schonnen Rp. 1471, VI 10.

[61]) von des pollacken wegen einschreiben, wie sich der handel begeben hat Rp. 1471, VI 11; den Sneider der den p. ein Schauben gemacht v. zwei Gulden von Jm genommen, die den p. wiedergeben Rp. 1471, X 1.

[62]) A.B. 1615—18, 204.

[63]) A.B. 1615—18, 221; 1588—93, 222.

scheid vor den Rat gelangt, gewöhnlich ohne weitere Förmlichkeit vom Lochschreiber protokolliert. Bei Muffel dagegen, bei dessen Prozeß sich überhaupt das Bestreben offenbart, durch peinliche Gewissenhaftigkeit in der Form die nicht abzuleugnende Gehässigkeit gegen den gestürzten Losunger — ob auch sonst seine Schuld außer Zweifel —, zu verhüllen, zeigt man besondere Umständlichkeit. Lochhüter, Löwe und Züchtiger werden, vielleicht auch in demütigender Absicht, als Zeugen bei der Bestätigung des Geständnisses beigezogen.[64])

Hat aber einer so viel bekannt, daß seine Verurteilung gewiß, so werden ihm Handschuhe angelegt,[65]) um ihn vor Selbstmord zu wahren, Stadtknechte hüten ihn in der bei Tag und Nacht erhellten Zelle, bis endlich der Rat auf Richtung erkennt und erläßt:[66]) „richter vnd schöpfen yetz zu Jm, bekennt Er aber, Jn sagen zu sterben".

Kundschaft, Schau und Zeugnis.

Von den im alten Accusationsverfahren maßgebenden Überwindungsfaktoren sind in dieser Periode wenig Spuren mehr zu entdecken. Die einzige schon erwähnte Übersagung durch Töchter des Frauenhauses scheint nichts andres, als eine solenne Bezeugung,

---

[64]) Muffelakt 33: „Als er nu solichs sags — heißt es im Protokolle weiter — alle getan hat v. Jm das alles v. Jedes von wortt zu wortt, von Artickeln zu Artickeln gelesen, ist er durch die Schöffen v. sunderlich durch H. Nicl. Großen ermant: Lieber Swäger, Jch ermane dich bej dem Almächtigen gott der Jungkfrauen Marien allen gotteshailigen v. bej den Jungsten gericht auch bej deiner Sele seligkeit v. was Jch dich ermanen sol kan oder mag das du Vns v. die Recht tuest V. als du das gegen got an dem Jüngsten tage verantwurten wilt, also ob du Icht zu vil oder zu wenig oder vnrecht gesagt hättest oder ob Ichzit zu viel oder zu wenig geschrieben . . wo, an welchen enden Jn welchen artickel oder Stück So wollen wir das vernemen v. wie das haißt vffschreiben, sein wir willig v. wöllen das tun mit verströstung das man dir kain marter darumb tun sölle . . hett er darauff gesagt Es sye alles Reht gesetzt. Er habe das also bekannt v. gesagt v. sye war."

[65]) Rtb. IV, 242 K.A.; bei Tetzel schon früher Rtb. X, 296 St.A.

[66]) Rp. 1449, XII 8.

wie sie auch früher schon in den wichtigsten Fällen stattfand, parallel der Bestimmung, daß des Lochschreibers Protokoll über das Geständnis für sieben Personen, d. h. für ein vollgültiges Zeugnis gelten soll.[1])

Die handhafte That ist völlig ihrer einstigen Bedeutung entkleidet, da sie sich ohne nachfolgendes Geständnis als wirkungslos erweist, die Tortur in jedem Fall nach sich zieht, um die Entdeckung weiterer Verbrechen und der Genossen des Thäters, abgesehen von politischen Motiven, zu bezwecken. Freilich ist das Zugeständnis seitens des Beklagten bei Notorietät schwer vorzuenthalten, da dann die Inquisitoren rücksichtslos mit der Tortur vorgehen und dieselbe bis zur Erzwingung des Geständnisses steigern können.[2])

Daß endlich die als Bahrrecht schon geltend gemachte Vorführung zweier Bezichtigten vor die Leiche i. J. 1501[3]) wirklich als solches anzusehen, hierfür spricht zwar der Chronist, da er das Nichtbluten der Wunde hervorhebt, anderseits ist es glaubhafter, daß die Schöffen nicht mehr dieser abergläubischen Richtung angehörten und eine gewöhnliche Konfrontation mit der Leiche im Auge hatten, d. h. lediglich das Gebahren der Beschuldigten beobachten wollten. Daß ihm übrigens untergeordnete Wirkung beigelegt worden, hierfür zeugt, daß die beiden wieder in das Lochgefängnis gebracht und erst nach elf Tagen in Freiheit gesetzt wurden. Wir können noch zwei solche Fälle aus späterer Zeit, nämlich aus den J. 1576 und 1599 anführen,[4]) bei welch letzterem die Freilassung erfolgt, „weil man keine Furcht oder Unbeständigkeit bei ihme gespüret".

Wie schon erwähnt, werden für Auskundschaftung von Verbrechen weder Mühe noch Kosten gespart,[5]) und hierwegen mit den Pflegämtern, fremden Fürsten und Städten stets reger Verkehr unterhalten.

Wird ein „heimlicher mort" begangen oder sonst ein Gerücht laut, so sollen Schöffen und Genannte sofort der Sache nachspüren

---

[1]) Lochordnung (Waldau, Neue Beiträge zur Gesch. Nürnb. I 482).

[2]) zu dem pollacken, der nit sagen will, ein marter fürnemen, wie sie mogen die sage von Im brengen Rp. 1471, VI 10.

[3]) Hegel V 641.

[4]) Ann. 1576 u. 1599.

[5]) des von ych brief von der ermorten frawn erfarn Rp. 1449, XII 10; gen Bamberg ein diener fertigen von des arzts wegen im loch Rp. 1449, IV 14; erfaren von des geslagenen mannes wegen Rp. 1449, II 4.

und das Vernommene aufzeichnen,[6]) bei Selbstmord feststellen, ob „er wanwitz gewest". Bei Rauberei vor der Stadt soll ein Bürgermeister vier bis sechs des Rates mit sich nehmen und Nachforschung pflegen;[7]) auch wird 1476 bestimmt, daß in solchen Fällen „lewte darzugeordent würden, die die geschichten eigentlich beschreiben lassen.[8])"

1471 wird wegen einer Dieberei „ein ernstlichs pann vnder die Juden" gelegt.[9]) Einmal werden acht Söldner bezahlt, da sie wachten „do man den diep in der stat vmbsfurt bey der naht";[10]) eine Diebin führt man zu den Goldschmieden der gestohlnen Ware wegen.[11])

Ist so jemand an „verdechtleichen enden bedretten, so forscht man, „was für ein man, in was Leumunds, ob er Dieberei halb verleumut sei",[12]) wozu insbesondere die Schöffen und der Züchtiger angehalten werden.[13])

Im übrigen gilt das Weltrechtsprinzip, wonach sich die Untersuchung und Verurteilung nicht nur auf die im Inland, sondern auf alle irgendwo verübten Verbrechen erstreckt,[14]) was um so mehr gerechtfertigt erscheint in einer Zeit, wo die Ergreifung von Verbrechern auf handhafter That, die Ermittelung ihres Aufenthalts so selten gelingt, die Gerichtsherren also aus eignem Interesse zur Reziprozität veranlaßt sind. Ist ein Verdächtiger inhaftiert, so wird vorerst der Name eruiert, sodann die Gerichtsherren der

---

[6]) tetzel die sache zu der Newenstatt erlernen von des ziegler wegen im loch Rp. 1449, I 13; Erfaren von der meyd wegen das Kind Rp. 1449, III 10 dem gestolen kelch v. meßgewandt nachgen Rp. 1449, VII, letzt. fol., Des todslags am Weinmarkt besehen zu erkunden v. auffschreiben ze lassen Rtb. VI, 29 K.A.

[7]) Rtb. 0, 142 St.A.

[8]) Rp. 1476, VIII 10.

[9]) Rp. 1471, I 13.

[10]) St.R. III, 72b.

[11]) Rp. 1471, XI 3.

[12]) pewrlin von Bernawe angrewffen v. furter erfaren, was für ein man Rp. 1471, V 9; des becks lacs frawen halben erfarung zu tun In was lewmut die sein Rp. 1471, VIII 8; Rabenolt wee thun Auch Im achtsbuch nach seinem wesen v. handel zesuchen v. Ine zu fragen von wann er pürtig Rp. 1475, IV 4.

[13]) züchtiger die rede die von des lawrs wegen geton in acht zu haben Rp. 1471, X 12.

[14]) In gedechtnuß halten der venediger schrift von der dieberey wegen Rp. 1449, III 9.

frühern Aufenthaltsorte von der Aufgreifung benachrichtigt und zur Nachforschung aufgefordert, ob der Inhaftierte nicht bereits wegen einer dort begangenen That verdächtigt sei. Es geschieht dies auch aus finanziellen Gründen, da man bei Bewahrheitung der Vermutung die fremde Obrigkeit zu offizieller Klagestellung und Übernahme der Untersuchungs- und Richtungskosten auffordert. So werden wegen eines einfachen Diebes Boten nach Passau, Wien und Regensburg gesendet, wegen eines andern nach Straßburg.[15]) 1441 wird in mehrere Städte gesandt „In erfarung von viel morde wegen, der er bekannt, der man kein erfarung kund noch mochte, er auch am letzten In lawgen trat".[16]) Auch der Kläger wird insbesondere bei behaupteter Notwehr zur Nachforschung gemahnt.[17]) Wer an „Kundschaftleitern" übel handelt, verfällt strenger Bestrafung.[18])

Die Schau, welche später als große und kleine Schau von geschwornen Ärzten, Apothekern und Barbieren vorgenommen wird, ist noch ziemlich unentwickelt. Die Besichtigung von Ermordeten, Selbstmördern und Verwundeten findet durch Ärzte und Barbiere statt, eines gefangenen Arztes „Würz" wird beschaut, ob sie „gerecht" sei;[19]) behufs schwangerer Lochgefangenen, Kindsmörderinnen und toter Kinder sind geschworne Hebammen beordert.[20]) 1493 wird den Barbieren und Badern eine sträfliche Rede gesagt, daß sie Verwundete, die zu ihnen zum Verbinden kommen, nicht rasch genug dem Rat anzeigen.[21])

Auch in der Sitzung werden Corpora delicti vorgelegt; Tetzels sämtliche Garderobe wird auf das Rathaus geschafft, um

---

[15]) von leben des diebs wegen gen wynn, passaw v. Regenspurg sein dieberey zu schreiben dortselbst begangen Rp. 1471, IV 1; gen Swoben zu schicken von des ein gefangen wegen zu erfaren Rp. 1471, V 14; gen straßburg des schaller des diebs halben sich zu ervaren Rp. 1476, III 3.

[16]) St.R. XII, 66.

[17]) dem Jungen Schergen zu sagen, wolle er seins Vatters todslag eyniche weysung oder kuntschafft stellen, die wolle ein Rate hören v. nach pillichait dar Inn handeln Rtb. IV, 35 St.A.

[18]) **Baader** 18.

[19]) **Dannreuther** 56; die ertrunken frawn schawen für rat Rp. 1449, III 7; Rp. 1449, V 8.

[20]) die diebin fünff wochen liegen lassen, durch gesworn hebammen zu erfaren ob sie swanger Rp. 1486, X 3.

[21]) Rtb. VI, 17 K.A.

etwaige Geheimbriefe zu finden.[22]) Öfters wird eine Leichenschau angeordnet nebst genauer Prüfung, ob der Tote auf natürliche Weise verschieden und ihm nichts entwendet wurde; besonders kompliziert 1471: „daß erfaren vmb die Grube, do der ermort begraben vnd am tage vmb lassen gen vnd des nachts wieder einsetzen". 1532 werden Bauern um 10 fl bestraft, da sie einen Entleibten ohne Erlaubnis begraben.[23])

Bei dem Zeugnis darf, wie bei der Klage, den Mitgefangenen eine der ersten Stellen eingeräumt werden, wiewohl in thesi der Reformation gemäß alle „offenbarlich verlewmaten personen" hiervon ausgeschlossen sind[24]) und Hochgelehrte in ihren Ratsschlägen heftig dagegen ankämpfen.[25]) Thatsächlich ist eben mangels besserer Zeugen behufs Gewinnung einer Voraussetzung zur Tortur kein geringer Wert darauf zu legen. Von den Schöffen hat daher genaues Aufzeichnen und Referat zu erfolgen:[26]) „wo hinfüro eynicher gefangen von eynicherley handlung oder geschichten sagt So sollen sich die Schopffen mit Vleiß erkundigen vnd daruff im Rath sprechen." Die jüngsten Schöffen haben diejenigen, welche „durch die gefangen Im loch oder sunst als verwandten der Rumor ferlichen verwundtung vnd Todschlag besagt" sind, in einem besonderen Manuale zu verzeichnen.[27])

Freilich resultiert allein aus Aussagen dieser wie auch beeidigter Zeugen nie das Todesurteil, wohl aber fortwährende Verschärfung der Tortur und dann mitunter keine weitere Nachforschung nach historischer Begründung des Geständnisses. 1441 werden lediglich auf Angabe einer Gefangenen hin vier Personen auf ewig verbannt, auf die eines unreifen Knaben hin tritt Be-

[22]) Rtb. X, 287 St.A.

[23]) Rp. 1471, I 1; Rp. 1532, V 11.

[24]) Ref. Tit. 8 G. 11.

[25]) Item es ist zu wissen, das nit mer dann zwen weg die vbeltat zu beweisen, das Ist durch aigen bekanntnisse oder beweisung, die da geschee n mag durch zwen zeugen oder durch instrument, das man auch den babst mit zweyen zewgen moge vberwinden. Dis zu mercken wider die vngerechten richter, die einen verdammen aus der bekantnus, die vor im in der gefencknus geschicht, ob sie auch on marter oder drawung der marter beschehe, wann der richter nit sitzt in seiner richterlichen stab, Rtschlb. 1478, 192.

[26]) Rtb. II, 262 St.A.

[27]) Rtb. IX, 76 St.A.

fragung ein, wie ja auch über die nächsten Verwandten inquiriert wird.[28])

Nach der Reformation sollen Leute unter 18 Jahren gar nicht, Ascendenten und Descendenten nur subsidiär als Zeugen dienen.[29]) Wenn nun aber beeidigten Zeugen nicht viel mehr Kraft beigemessen wird, als der Denuntiation oder der unter Anwendung von Tortur oder Suggestivfragen erlangten Bezeugung Gefangener, so entbehren Vorschriften über Beweiskraft des Zeugnisses überhaupt jeder Bedeutung. — Im allgemeinen ist der Mißbrauch der Tortur schon zu weit gediehen, als daß sie nicht als regelmäßige Folge jeder irgendwie glaubhaften Denuntiation angewendet würde. Bei schwerem Verdacht macht man mit Bürgern ebensowenig Federlesens als mit Fremden. So ergeht 1405 vom Rat auf Fürbitte von Landshut für einen Nürnberger lediglich das Zugeständnis,[30]) „die sache gruntlichen zu erfaren vnd sich an Jhm niht zu vergähen", wobei unter Vergähen übermäßiges Zusetzen mit der Folter zu verstehen.

Die Zeugen werden von einem oder zwei Schöffen vernommen,[31]) ihre Aussage protokolliert, d. h. wie bei Muffel auf Zettel geschrieben und diese versiegelt.[32]) 1493 heißt es: „Es sollen hinfür alle bekentnuß, ee die erzeugt, aigenlich aufgeschrieben und die den Zeugen vor gelesen werden, damit sie wissen, was sie Zeug sein werden sollen."[33])

Auch wiederholte Beeidigung kommt vor. So ergeht 1495 der Befehl:[34]) „alle die personen, die Im handel der geschicht B. Nützels, so er mit seynem weyb begangen, angezeygt werden, mit eyden zu beladen, ob auch eins teyls der personen vor verhört die sollen wieder erfordert, mit eyden beladen vnd ein Newe sage von Jnen auffgenomen werden, Auch wider zum (gefangenen) knecht hinab zu senden, Sich bey demselben seinen ertzten vnd andern mit allem vleyß zu erkunden."

---

[28]) St.R. XII 75; Rp. 1478, VIII 10; Rp. 1471, XI 1.

[29]) Ref. Tit. 8, G. 11.

[30]) Bb. I 73.

[31]) Dannreuther 48; den auch hören v. sweren lassen von des goltsmidgsellen wegen im loch Rp. 1449, III 3; die wyenerin Jns loch v. die sag der gesworn meyster vertzaich Rp. 1449, XIII 4.

[32]) Muffelakt 29.

[33]) Rtb. VI, 29 K.A.

[34]) Rtb. VI, 216 K.A.

Als wirkliche Belastungszeugen fungieren die beiden Losungschreiber bei Muffel;[35]) 1477 wird ein „Außsinniger" als Entlastungszeuge vernommen. Sonst ist zu erwähnen, daß 1458 die Frage aufgeworfen wird, ob sich die Genannten „in sündern (besondern) sachen" nicht auf ihren Amtseid berufen dürfen.[36])

Meineid „umb handgetat" ist schon in den ältesten Polizeiordnungen mit außerordentlicher Strafe belegt;[37]) a. 1392 werden zwei Frauen auf ein Jahr verbannt, weil sie „gelt genomen heten vnd dafür geswórn wolten haben",[38]) 1382 eine auf zehn Jahre, „darumb daz sie irem sun (der auf ewig verbannt wird) ryet ze swern ainen maynoden ayd."[39])

Häufig findet auch Konfrontation mit Zeugen, Stadtknechten oder dem „der ihn besagt hat" statt.[40]) Ist der Thäter ungewiß, so werden mehrere der Gefangenen dem Kläger vorgeführt; bezeichnet dieser einen derselben als schuldig, so verfällt der Bezichtigte sofort der peinlichen Frage.[41]) Auch die gestohlne Ware wird ihnen vorgehalten, um sie zum Geständnis zu bewegen.[42])

Alles, was sich vor Gericht ereignet, in Acht-, Brief-, Urfehdbüchern, Protokollen, Manualien durch Schöffen oder Gerichtsschreiber verzeichnet ist, dient als Gerichtszeugnis.[43]) Ist ein Verdächtiger eingebracht, so forscht man nach, ob nicht aus diesen

---

[35]) Muffelakt 29.

[36]) Rp. 1458, I 4.

[37]) Baader 37.

[38]) A.B. 316, 38.

[39]) A.B. 316, 13.

[40]) dem ziegler sein widerteil vnter augen zustellen Rp. 1449, II 8; dem hinkenden den der In besagt vnter awgen stellen v. wölt er dennoch nicht sagen Im wee tun Rp. 1449, III 9. Botzlinger wee tun v. dem wachter vnter awgen zustellen Rp. 1471, XI 6.

[41]) die frawn die funff im loch sehen lassen, were sie auff ein anzaigen im wee tun Rp. 1471, I 8.

[42]) das gestolen ding dem fürhalten der nit sagen wil Rp. 1471, V 9.

[43]) von des todslags wegen Rußwurm einschreiben Rp. 1449, III 11; die mait die das kint vngetaufft ertrenckt sol haben alz die verlewmut ist, die haißt kvn von Roßpach A.B. 317, 54; Michel heider als das alles sein sage brieffe v. ander schrifft In dieß frögeschattel ligende zusammengebunden Innehalten v. zu erkennen geben darumb In ein ewige gefengnus Rtb. XVI, 318 K.A.; So hinfüro yemant vsserhalb der Statt gefangen würdt in das acht oder Straffbuch zu der vrueht oder sag aigentlichen zu schreiben wo v. an welchen ennden die gefangknus bescheen Rtb. II, 83 St.A.

Büchern oder Briefen hervorgeht, daß er Thäter oder Bezichtigter eines Verbrechens, daß er ein aus der Stadt Verbannter oder sonst mit Bann oder Acht Verfesteter oder daß er sich durch Urfehde verpflichtet, Nürnbergs Gebiet nie mehr zu betreten.

Deshalb sucht man vor allem mit oder ohne Tortur von ihm oder Mitgefangenen seinen wirklichen Namen zu eruieren, was oft sehr schwierig, da sie in ihrer Eigenschaft als Gauner bisweilen die abenteuerlichsten Nicknamen tragen. Auch bei Freilassung mangels genügenden Beweises erfolgt neben der Urfehde Aufzeichnung des Namens,[44]) bei Wiederversöhnung mit einem Verfesteten Ausstreichen seines Namens im Achtbuch.[45])

Als vollgültig endlich, d. h. „für sieben Persohn" wird, wie erwähnt, des Lochschreibers Protokoll über die Urgicht gerechnet,[46]) sowie deren eidliche Bezeugung durch die beiden Schöffen am Rechtstag; als Legitimation für die rechtmäßige Richtung werden die Urteile und die Vollmachten fremder Gerichtsherren im Halsgerichtsbuch verewigt.

Was die Konsulenten bezüglich ihrer Grundsätze über das Beweisverfahren betrifft, so geben sie 1521 bei Gelegenheit der Beratung über Abänderung der H.G.O. folgende Vota ab:[47])

Sofern der Verhaftete bekennt, soll man ihn nach drei Tagen wiederum ungebunden vor Gericht befragen. Widerruft er nicht, so soll man ihn richten, andernfalls ihn „mit glaubwürdigem schein durch Zeugen, Instrument oder aber durch offenbar rechtgeschaffne Indicia, die so clar seyn als dj mitteglиche sonn" überführen. — Gesteht er in der Tortur oder, was gleichwertig, auf Drohung mit derselben „so ferr denn vorauff etliche arkwenigkeit, Indicia genannt, sind gangen, die alleyn Craft haben einen an dj marter zu werffen, aber nit an die pein zu straffen", (was mit „bescheydenheit" geschehen soll „dan wer in solichem Fall zuvil handel, sey streflich als ein morder") so liegt noch keine „beweysung" vor. Denn widerruft er später und kann sein früheres Geständnis auch nicht durch offenbare Urkunden und Zeugen bestätigt werden, so soll er „so ferr nit newe arkwenigkeit zu hannden kumen, weiter

---

[44]) s. Freilassung.

[45]) den Hartenberger in dem achtbuch abzetun, Also ob Er uns herwider verschreibt, daz er vnß freund sein wölle Rtb. Ia, 7 K.A.

[46]) Lochordnung (Waldau N.B. I 432).

[47]) Rtschlb. V, 20.

an dj strenge frag nit gelegt oder aufgezogen werden.“ Besteht er jedoch, ungeschwächt von der Tortur, „frey und ungepunden“ auf seinem Geständnis, so „hat es seinen weg und neme er sein straff“.

So viel über die auf italienische Basis gestützte Theorie der Konsulenten, welcher der Rat, insbesondere was die „bescheidenheit“ der Tortur anlangt, nicht immer Folge geleistet.

Freilassung und Verurteilung.

Ist nun keine solche Schuld erweislich, die Leibes- oder Lebensstrafe nach sich zieht, so erfolgt völlige oder bedingte Freilassung durch einfachen Beschluß des Rathes. Daneben nimmt auch die Begnadigung bei wirklicher Todeswürdigkeit des Angeklagten eine bedeutende Stelle ein, bezüglich deren wir, wiewohl sie eigentlich dem materiellen Strafrecht zugehörig, doch des versöhnenden Kontrastes wegen zu der oft rücksichtslosen Härte der Nürnberger einige Fälle berücksichtigen wollen.

Unbedingte Ledigung tritt nur ein, wenn völlige Schuldlosigkeit oder begründete Nothwehr vorliegt.[1]) Dann übernimmt die Kosten der Rat oder der Kläger, welch letzterer bei böswilliger Anzeige mitunter ebenso lange, als der Schuldlose vorher, in Verhaft kommt. Hie und da wird, um vor weiterer Belangung seitens andrer Gerichte zu sichern, die Schuldlosigkeit durch Urkunde bezeugt.[2]) Für die durch Tortur erlittenen Verletzungen wird, wenn auch sonst Pflege gewährt wird, kein Schmerzensgeld geleistet; 1527 heißt es jedoch: „dieweill fogell an seynen glidern durch die tortur etwas hart verlezt v. vnschuldig erkant worden. das Jme ein virteil Jar allweg vber vier wuchen ein gulden zue eyner ergeczung sol. gegeben werden“.[3]) Bei mutwilliger Verfolgung muß natürlich der Kläger hiefür einstehen.

---

[1]) Dem lochhüter atzgelts v. leben v. züchtiger von meichsner der von böß lewmunds wegen XIV tag Jm loch v. man nichts verschuldts an Jm vinden kund St.R. XII 70; Dölp der einer gestolen kue halb in verdacht vf müntliche kuntschafft aus sorgen gelassen Rtb. XV, 80 St.A.

[2]) dem lederer knecht, der Jns loch angenomen vnschuldig erfunden Eine offne besiegelte vrkund seiner vnschuld zu geben Rtb. VI, 321 St.A.

[3]) Rtb. XIII, 343 St.A.

Fahrlässigkeit befreit unter bestimmten Voraussetzungen: 1485 schießt ein Kaufmann einer Jungfer, die am Schießgraben zusieht, in den Hals; der Bürgermeister hält ihn von der Flucht ab, denn „schießen, rennen, stechen und stainwerffen wern freie ritterspiel".[4])

Narren, die man in das Loch geliefert, straft man gewöhnlich gar nicht oder indem man sie ihrer „vnbescheidenheit halb" mit Gerten schlägt und sich möglichst bald vom Hals zu schaffen sucht.[5]) Meist werden sie ihrer Freundschaft überliefert,[6]) wobei diese für weitere Frevel des Narren verantwortlich gemacht wird, oder thunlichst weit über die Grenzen hinaus befördert, wie 1478: „den Torichten Im loch gein Regenspurg zeschicken v. zu uersuchen In auff die Tunaw zu bringen".[7])

Gelegentlich der Tötung eines Deutschritters durch einen Narren verabfaßt ein Hochgelehrter folgenden Ratschlag[8]): Wol sey war, so ein Narr ein so trefflichen Todtschlag als an einer hochgeachteten Person beging, mög der von wegen der größe solcher geschicht gestrafft werden" und führt als Präcedenzfall hiefür an, daß ja auch der Hofnarr (!) des Königs von Frankreich 1517 wegen Gesandtenmordes gehängt worden sei. Kein Wunder, wenn sich diesmal wieder der Rat „an den Doctor nichts kerte".

Eine Blinde wird 1471 durch einen Knecht zum Thor hinausgebracht und dort ihrem Schicksal überlassen mit der Mahnung „nit mer herein zu kommen oder ein Rat werde sie swerlichen straffen."[9])

Bei Totschlagsreaten hing die Freilassung meist davon ab, daß sich der Thäter mit dem, der ihn „zu pan" gebracht", über die Entschädigung (Wergeld) verständigt,[10]) daß dem Richter sein

---

[4]) Hegel, Städtechron. IV, 375.

[5]) den vnsinnig Im loch ledig l. Rp. 1449, V 8; den Narren der die lem geslagen Im loch mit gerten hawen v. gein Newnkirchen füren Rp. 1475, VII 13.

[6]) von dem narren aws zu slahen v. zu füren dem leben v. püteln v. daz mans seinen freunden verkundt St.R. I, 68.

[7]) Rp. 1478, 6.

[8]) Ratschlb., Simon Clüver 220; id. lib. 857: kein ander straff dann das er in guter verwahrung gehalten, damit er weiter kein schaden thue v. sey also der vnsinnig durch sein Vnsinnigkeit gestrafft genug.

[9]) Albr. strauzz ein Plynter von hinnen 10 jar A.B. 317, 28; Rp. 1471, V 16.

[10]) hundsperger zu sagen das er sich mit der frawen die In zu pann pracht hatt viertrag Rtb. IV, 35 St.A.

Recht geworden und bei Verwundung Atzung und Arztgeld berichtigt worden ist. Während bei „ferlichem, pösem" Totschlag, bei mort, ungenötter sach" der Rat Thaidigung verbot[11]) und nicht zu „freundlichen Rechten" zuließ, oder trotz Zahlung des Wergeldes den Thäter nicht „aus Sorgen" ließ,[12]) so gebot er sie bei ungefährlichem Totschlag, milderte die übermäßige Forderung der Geschädigten,[13]) ja, zwang sogar durch Gefängnis die gebotene Entschädigungssumme anzunehmen, worauf beide Teile einen lauten Frieden geloben mußten.[14]) Die ungefährlichen Tötungsarten unterscheiden sich vom bösen Totschlag meist dadurch, daß sich beide Parteien vorher in einem Fehdezustand befanden, wo der Überfall der einen für die andre nichts Überraschendes, Heimliches an sich trug, von dieser also zu gewärtigen war.[15]) Seltsam ist es, wie sich bei der sonstigen Omnipotenz des Rates den Bürgern gegenüber, bei seinem Streben, die allgemeine Sicherheit der Republik zu festigen, bei den sonst oft grausamen Strafen dieser Zeit — die Straflosigkeit oder geringe Ahndung aller während der Privatfehde zugefügten Verletzungen, der Begriff der Thaidigung bis in das XVI. Jahrhundert zu erhalten vermochten.[16])

Als ungefährliche Tötung gilt es auch, wenn es sich erweist, daß der Thäter „vß notwere zu solchem todslag gedrängt sey".[17])

---

[11]) frawn zum Gostenhofe der ir man ermort ist abgeslagen mit den tettern sich zu uertragen Rp. 1474, VII 10.

[12]) Wiewol sich Mülhennslein mit Volckel gütlich vertragen nich vß far u. Sorg, Rtb. V, 81 St.A.

[13]) Thaid. bei Beleid; Salsner promisit vff einen Turn ze gen v. darnach niht herab ez bit dan putner for in, den er vor gericht vbel gehandelt het, wolt er ez aber zelang machen so sol daz an dem Rate steen A.B. 317, 32.

[14]) man soll darauff dens. diepolt v. des abgeleibten freuntschaft ein frid gegen einander lassen schwören. Als sich aber die freuntschaft das zu thun gewidert, hat man sie in das loch lassen gen Rtb. VIII, 150 St.A.; sie baide einen lauten frid geloben lassen Rp. 1449, VIII 11.

[15]) Aber auch: zewissen das Sensensmid den Pledrussel vom leben zum tod braht hat v. er hat nihtz mit im zeschicken gehabt dann daz er schiedenthalben waz zwischen sein v. andern geselln daz er sie gern von einander braht het A.B. 317, 9.

[16]) Berthold eins todschlags halb gesichert dhweil er sich mit desselben frau vertragen Rtb. VIII, 101 St.A.

[17]) Herolt des todslags halben vß sorgen vß vrsachen das sich durch redlich kuntschafft erfunden, das er solichen todslag vß einer notwere getan v. des erslagen freuntschaft v. auch Herolt sollen deßhalb einen fride zu halten sweren

Hierzu ist erforderlich, daß ihm der Gegner wenigstens „böse, frävele wortt gebotten". Eine präzise Festsetzung der Voraussetzungen, welche zur Notwehr berechtigen sollen, fehlt, es hängt hierbei alles vom Ermessen des Rates ab. So geht auch der Thäter selten völlig frei aus, er muß meist der Sippe des Getöteten das Wergeld und dem Rat ebenfalls eine Geldsühne leisten,[18]) vermag er dies nicht, so wird er verbannt, in einem Fall auf zehn Jahre.[19]) Daher sind auch in den Quellen die Notwehrfälle schwer von den übrigen ungefährlichen Tötungsarten zu unterscheiden, da sie in der Behandlung oft ganz gleich stehen.

Genest der Verletzte, so tritt überhaupt an die Stelle der peinlichen die bürgerliche Strafe, der Verhaftete wird frei und mit seinem Gegner „vor die Fünf" verwiesen, ebenso der, welcher „eines (ungefährlichen) totschlags halb verwandt".[20])

Als man Tetzel seiner Ämter entsetzt, erklärt der Rat „das man woll sehen, wie sich sein freundtschafft halten werd und derzu die hanndt offenn behalten".[21])

Bei jeder Freilassung und Verbannung ist, wie bereits früher erwähnt, Urfehde unerläßlich, d. h. der Schwur, an keinem der Bürger die Unbilden, die er besonders „umb fenncknuß" (Tortur) bei ihnen erduldet, jemals vergelten zu wollen, bei letzterer für immer oder die festgesetzte Zeit hindurch das Stadtgebiet zu meiden.[22]) Auch zur „Einmauerung" verurteilte Bürger müssen

---

Rtb. III, 8 K.A.: Kilian, da sich erzeigt; das der abgeleibt vber vilfeltige rechtpot zu der gegenwer geursacht auß fare v. sorgen Rtb. VIII, 25 St.A. Nachdem sich vf der zewgen sag erfunden, daß Hehel erstlich dem lenker pöse frävele wort gebotten So ist Hehel nicht vß sorgen zu lassen Rtb. V, 235 St.A.

[18]) Hübner der seinen bruder auß unglücklichem zufal mit einem hamer zu tod geworffen soll man lassen einkomen v. auf sein gewissen setzen sein entleybten bruder zepüssen Rtb. XII, 283 St.A.; schyntacher souern er an der aufgelegten straf 10 fl. eins todschlags halben 5 fl. erlegt des vbrig nachlassen Rtb. XV, 417 St.A.

[19]) Rtb. V, 72 St.A.

[20]) Maister hansen einem Todslag verwandt wo er XXV lib. Novi geben wil vß sorgen Rtb. V, 248 St.A.

[21]) Rtb. X, 297 St.A.

[22]) Noch 1720 beim ersten Vrfehdbruch Pranger oder Ruthe, b. zweiten Brandmarkung oder Abschlagen der Schwurfinger, b. dritten Strafe an Leib und Leben, Wölckern 231; Streber v. dez Alles hat er ein brif vber sich gegeben A.B. 317, 55; daz er auch den Stephan mit dem einen awge niht warnen sol v. auch nymant sagen, wie man mit im vmbgangen sey, Geschah von boses lew-

sie schwören. Bruch der Urfehde wird mit Augenausstechen oder Abschlagen der Schwurfinger oder wenigstens Verdoppelung der Strafe gesühnt.[23]) Bei Rittern, bei welchen die Stadt wegen der mächtigen Freundschaft des Gefangenen meist mit der Urfehde vorlieb nehmen muß, statt zu peinlicher Strafe greifen zu können, wird sie in der Art geleistet, daß neben jedem von Adel drei Ritterbürtige, neben jedem Knecht drei andere redliche Knechte schwören.[24]) Als 1472 der Placker Marschalk gefangen wird, erbietet er sich, vierzehn des Adels zu vermögen, daß sie sich gegen den Rat verpflichten, ihr Leben lang nicht mehr die Stadt zu befehden; der Rat, sich wohl bewußt, was von solchem Schwur zu halten, legt ihm den Kopf vor die Füße.[25]) Auch bei Einheimischen treten mitunter Bürgen auf, dic sich mit Leib und Gut für Einhaltung des Schwurs verpflichten, ja, leibliche Brüder mit dem Gelöbnis ewiger Feindschaft wider den Urfehdbrecher.[26]) Hie und da wird auch Kaution erlegt oder eine „schlechte oder alte" Urfehde aufgezwungen mit der Auflage „daß er die pürgen ledigen solle".[27])

Cunz von Bibra, der 1497 mit andern Rittern von Söldnern ungerechtfertigterweise überfallen und in die Stadt geschleppt wird, kann, trotzdem er den Rat vor dem Bischof von Würzburg verklagt und der Herzog von Bayern als Schiedsrichter zu seinen Gunsten entscheidet, doch nicht von der Ableistung einer alten Urfehde enthoben werden.[28])

---

muts wegen der auf in gieng A.B. 317, 68; Mertin daz er von seiner vanknuß wegen nyemant veind er sey A.B. 317, 73.

[23]) strawß vrfee v. hat man Im dartzu an ydem der zwei voder vinger der rechten hant ein glid abgehawen d. d. er ein eyd gesworn von der stat zu sein dez er niht gehalten A.B. 317, 216; 1416 Urphedbrecherin, die nur eine Hand hatte, Augen ausgestochen, Jäger, jur. Magaz. 335; A.B. 316, 27.

[24]) Ann. 1382; fritz gast haben sein frewnde zu im gesworn mit namen A.B. 317, 72.

[25]) Ann. 1472.

[26]) Seltsame Bürgschaft (1486): Wiewol sich Haller bej Verpfendung Irs leibs v. guts für kromer das sich der In sein Hauß tun v. on sundern vergunst eins erbern Rats darauß nit komen wollen, als er verwilligt v. zugesagt het, versprochen vnd verpflichtet haben So sol solche versprechnuß nicht anders dann ein schein sein v. sie gar nichts pinden Sonder dem kromer zu einer vorcht beschehen Rp. 1486, III 1; hat zu im gesworn sein bruder daz er den ayd stet haben sul v. tet er dez niht, daz er als veint sol sein als der Rat zu N., A.B. 316, 12.

[27]) Brfb. XLIII 85.

[28]) Ann. 1497.

1403 müssen sich fünf Weiber, welche wegen einer Seuche Veitstanz gehalten, durch Urfehde für einverstanden erklären, daß man sie, falls sie nochmals tanzen, verbrennen oder ertränken würde.[29]) 1466 wird ein Bigamist, der zum Ertränken verurteilt und — scheinbar ertränkt — wieder auflebt, ohne Urfehde entlassen.[30])

In den Urfehden ist auch bisweilen versprochen, daß man mit dem Rat und den Inwohnern Nürnbergs nur durch einen Anwalt (Scheinboten) rechtlich verhandeln wolle.[31])

Wenn Roßhirt die Nürnberger rühmt, daß sie weder Einsprachen noch Fürbitten, selbst von Fürsten, von ihrem strikten Verfahren abzubringen vermochten und dies durch eine Menge von Beispielen zu belegen sei, so geht aus den Quellen im Gegenteil große Inkonsequenz des Rates hervor, indem in unzähligen Fällen der Verbrecher aus Gründen der Politik, seines persönlichen Wertes für die Stadt oder weil überhaupt „groß pet" für ihn war, den Hals aus der Schlinge zieht. Es gehört bei fürstlichen Herren, wenn sie durch Nürnberg ziehen, geradezu zum noblen Sport, Galgenkandidaten loszubitten, worauf die Stadt, nicht gewillt, so einflußreichen Gästen etwas abzuschlagen, die nicht unbeträchtlichen Kosten der Gefangenhaltung und oft Exekution zu tragen hat, und sicher darauf rechnen kann, in nächster Zeit wieder die Brandschatzung dieser dankbaren Freigelassenen zu erfahren. Und gerade die „erbern" Geschlechterfrauen sind es, welche am öftesten dem Rat den Streich spielen, Fürsten zu solch billiger Gunst zu veranlassen. 1494 soll ein Dieb gerichtet werden, Herzog Albrecht von Sachsen und dessen Sohn kommen nach Nürnberg „v. sie luden die schönen frawen". Da rät man der Frau des Armen bei diesen zu bitten, was auch von Erfolg gekrönt ist.[32]) 1491 soll ein Landsknecht auf Antrieb Maximilians gerichtet werden, der Rat trifft große Vorbereitungen, errichtet auf

---

[29]) Ann. 1403.

[30]) Cunz von Hall der in das Wasser zu ertrencken erteilt worden begeben, doch so sey er eynem Rat hynnen in der Stat zepleiben nit füglich v. ist keyne vrfehe von im ze nemen Rtb. I, 215 K.A.

[31]) waz si mit vnsern Lewten burgern ze sprechen haben, daz sie daz mit irem gewizzen scheinboten vordern sullen mit einem frewntlichen rehte vor dem Stat Richter z. N., A.B. 316, 8.

[32]) Hegel V 577.

dem Markt eine Bühne, ja, beschafft aus München zur Tröstung Jungfrauen und Mönche. Auf einer Patrizierhochzeit aber bitten die Bürgerinnen für ihn „sprach derselbig kunig: heten uns all fürsten und all greffen, ritter und knecht fur in gepeten, ich het sie nit gewert, aber wir wollen euch gewern und in ergeben".[33]) 1425 bittet der Herzog von Bayern mehrere Placker frei;[34]) der Herzog von Sachsen seinen Koch, der sich zu einer Rom- und Aachenfahrt verpflichtet,[35]) 1508 Herzog Albrecht seinen Trompeter, der sein Kind ermordet, für so lange, als er in des Herzogs Futter wäre.[36]) Am Reichstag 1487 bittet man eine große Anzahl Gauner los; einer Namens Niemandsfug wird nicht nur ledig, sondern sogar Bürger.[37]) Daneben sind noch viele Fürsten und Bischöfe als Fürbitter erwähnt, selbst der gemeinsten Dirnen nehmen sie sich an.[38])

In der Stadt selbst, d. h. von seiten der Bürger nimmt der Unfug des Losbittens in höchstem Maße überhand, so daß viele, die, wie früher Reichtum, so jetzt einflußreiche Gönner besitzen, der wohlverdienten Strafe entrinnen, bis der Rat ein umfassendes Verbot erläßt, nach dem jeder, der selbständig oder durch andere Fürbitte wagt, zwanzig Gulden erlegen muß.[39]) 1464 werden einige Frauen, deren Männer verbannt, gemahnt „das sie nit furdern sollen, das fur Ir manne gebeten werde, wo aber das mer geschehn vf Ir anbrengen, So müßten sie," — was ja bis 1484 Regel — „auch von hynnen".[40])

Ebenso wird es den Klöstern der Bettelorden, 1483 den Prediger- und Barfüßermönchen, 1496 allen Prälaten streng untersagt, bei schweren Verbrechen im Urteil vermerkt, daß Fürbitte nutzlos sein solle.[41])

1473 bitten vier Orden für einen Messingschlager, oft legt das Handwerk Fürbitte ein; 1503 „komen schoner jungfrawen neun

---

[33]) Hegel V 564.
[34]) Ann. 1425.
[35]) Hegel IV 1487.
[36]) Rtb. IX, 62 St.A.
[37]) Anzeiger. f. Kunde der Vorzeit 1862, 364.
[38]) insbes. werden Kindsmörderinnen sehr oft von hohen Herren losgebeten.
[39]) Baader 43.
[40]) Rtb. I, 134 St.A.
[41]) A. f. K. d. V. 1864, 441.

parheubtig mit schönen wasserperlein harpant für einen ganzen rat, paten für zwen meister, das man sie des henkers freiet.[42])

„Veit Stoß ein vnruwiger hayloser Burger, der einen E. Rath von gemeiner Statt vil Vnruw gemacht hett" lautet die Charakterisierung des berühmten Bildschnitzers im Ratsbuch.[43]) Und es gab fürwahr wenige, denen der Rat — allerdings nicht ohne eignes Interesse — soviel Schonung angedeihen ließ als jenem. Nach den Gesetzen hätte ihm als Fälscher der Feuertod gebührt, der Rat aber, der seine Bedeutung als Künstler wohl würdigte, begnügte sich mit Brandmarkung und verwandelte selbst noch die Verbannung, die mindestens hätte eintreten müssen, in lebenslängliche Konfination, durch welche Milde der Stadt nicht weniger als dem Künstler gedient war.[44]) Durch fortwährendes Auflehnen und Querulieren bereitete er dem Rat viele Mißhelligkeiten, drohte ihm mit dem Kammergericht und erwirkte endlich vollständige Rehabilitation vom Kaiser.[45])

1507 wurde ein räuberischer Büchsenmeister von Neumarkt, nachdem „sich souil an Jn erfunden, das er an seim leib vnd leben hett mügen gestrafft werden, auf manigualtig anpieten seiner Kunst vnd Dinst begnadt vnd sein lebenlang bestelt zu einem püchsenmaister",[46]) ein andrer 1449 unter der Bedingung begnadigt, „das er der stat mit einer puchß zugewarten soll."[47]) Als andre Gründe von Straflosigkeit finden sich: 1516 „so er des entleybten vater alhie pflegen soll";[48]) 1518 „angesehen seins vaters alter vnd geprechlicheyt";[49]) 1482 „vmb das er bei den fewren am prewhauß So redlich vnd getrewlich gearbeit hat";[50]) „das er vnsern fürsprech zu freysingen vast fürderlich gewesen";[51]) 1519 wird

---

[42]) Hegel IV, 335; Lenharten in ansehung der großen v. stattlichen fürpeth des ganzen verberhandwerks des lebens begnadt Rtb. XI, 266 St.A.; Hegel V 661.

[43]) Rtb. VIII, im Register u. B.St., K.A.

[44]) Deßgleichen soll er von neuem zu got v. den heyligen schweren Sein erst aufgelegten straff sei leben lanngk on ains Rats bewilligung auß dieser Stat nicht zekomen zehalten Rtb. VIII, 143 K.A.

[45]) Rtb. VIII 289, 295 K.A.

[46]) Rtb. VIII, 320 K.A.

[47]) Rp. 1449 II, 2 K.A.

[48]) Rtb. XI. 86 St.A.

[49]) Rtb. XI, 293 St.A.

[50]) Rtb. IV, 212 K.A.

[51]) A.B. 316, 43.

ein durch seine Mutter und Gattin von Tod und Gefängnis Erbetner mit der Warnung entlassen: „wo er sich nicht bey seiner hawsfrawen ains redlichen wesens halten, werd man Jne von hinnen weisen.“[52]) 1483 wurde einem über die Donau Verbannten die Strafe dahin umgewandelt, „das er vf dem Döringerwalde vnd hinüber sein mag.“[53]) 1525 endlich erbarmte sich der Henker einer Kindsmörderin, da er sie ertränken sollte, vnd rettete sie, indem er sie sich zum Weib erbat.[54])

Was nun die Freiungen betrifft, denen so viele ihre Rettung verdankten, so waren sie keineswegs so zahlreich, wie in Bamberg, wo jede Mundat, wie auch das eigne Haus vor Verhaftung schirmte, auch wußte sie der Rat durch Erlangung von Privilegien und Verträgen möglichst in ihrer Wirkung einzuschränken. In frühester Zeit, wo die Kirche noch großen Einfluß auf Nürnberg besaß, wurde öfters bei feierlichen Anlässen Ablaß für Verbrechen erteilt, z. B. 1283 durch den Verweser des Bischofs von Würzburg allen, die mit brennenden Kerzen in die Krypta zu Nürnberg an den Altar der Jungfrau während des Absingens der Antiphone gehen, Ablaß auf vierzig Tage für sträfliche (criminalium) und ein Jahr für verzeihliche (venialium) Sünden; ähnlich 1284.[55]) 1424 kam das Heiligtum zu dem Spital „vnd man tet die tieb von dem galgen vnd lies die gefangen aus dem loch, was einer gelegen anderthalb jahr vnd der andre lag auf dem hals gefangen“.[56])

Von Privilegien zu Gunsten des Rates auf Aufhebung oder doch wenigstens Minderung der schützenden Kraft der Freiungen ist das König Ludwigs von 1331 das wichtigste: „das kein Mörder, der deß überwunden wird mit der mehrern menge Raths vnd Schöpffen, daß das ein Mordlich fährlicher Mordt sey, daß der in der Stadt oder vor der Stadt keyner Freyung nicht geniesen soll. Ob schädliche Leuthe auff einer Vesten begriffen werden oder verbotten von des Reichs wegen und von des Gerichts und der Stadt wegen zu Nürnberg, daß der die Vesten innen hat, dieselben antworten soll;“ ähnlich 1341 und 1347.[57])

---

[52]) Rtb. XI, 385 St.A.

[53]) Rtb. IV, 9 St.A.; Grolant vergönnt sein straff zu wirtzburg oder Bamberg zu vollbringen Rp. 1449, III 10.

[54]) Ann. 1525; Rtb. XII, 486 St.A.

[55]) Lochner, Nürnb. Jahrb. 68; i. R.A. mehrere derart. Ablaßbriefe.

[56]) Hegel II, 12, 6.

[57]) Hist. Diplom 1331, 1341 u. 1347.

Das Übereinkommen mit dem deutschen Orden ging dahin, daß kein Mörder, Totschläger aus Zorn, Trunkenheit oder von Auflaufs wegen, kein rechter Dieb oder Notzüchter geschützt werden solle; „kheme aber jemandt hinz vnß von forcht, oder von sorgen wegen oder von entsetzung sein selbst gutt, daß sein eigen ist, derselb soll Friede bey vnß haben.“ [58])

Friedrich beschränkte dies noch, indem er bei tötlicher Verwundung, Notzucht, Verräterei, Geldschulden dem Rat auch das Recht zugestand, bei Verweigerung der Herausgabe Gewalt anwenden zu dürfen. [59]) Selbstverständlich aber bedurfte es in allen Fällen Anwendung von Gewalt, um des Thäters habhaft zu werden; oft gelang auch dieses nicht.

Endlich war noch in den Polizeiordnungen betreffs der drei Freiungen zu Aegydien, auf der Burg und im deutschen Haus bestimmt, „daß jeder, der um unzuht, bosheit oder dem die stat süst verboten ze iarn“, in eine derselben flieht, so viel Jahre als er Tage über den zweiten Tag dort verweilt, von der Stadt sein soll unter Zurechnung der bereits erkannten Jahre, ohne letzteres, wenn ihm die Stadt noch nicht verboten war. [60])

Daß Privileg und Vertrag nicht viel Zuversicht gewährten, zeigt ein sehr vorsichtiger Ratsschlag im Beginn des XVI. Jahrhunderts: [61])

„Ob bey Bäbstlicher Heyligkeit mög erlangt werden vnd zu erheben gemeiner Statt nuzlich sey der fursezlichen Todtschläger aus den Clöstern vnd Kirchen hie zu nemen: das können verursachen wo ein Erber Rath vf außbrachte freyheit zuviel handlet, das sie inn Bann möchten bracht werden, theten sie dann zue wenig, so müst man anhangs von des Theters widertheil gewarten, könn darumb nit für fruchtbar rathen, noch ainich solch freyhaiten, dieweil die gemeiner Statt mehr zu schaden, dann ainich nuzbarkeit raichen würd, zu stellen, wo aber ein gewisser ferlicher fall vor augen vnd als dann der theter in der freyung wehr, stünd einem E.R. vor nach besetzung vnd Verhütung desselben Theters bei dem Bäbstlichen stuel vmb bewilligung zum zugriff handeln zue lassen.“

---

[58]) Hist. Diplom 1350.

[59]) Hist. Dipl. 1480.

[60]) Baader 40.

[61]) Rtschlb., Sim. Clüver 139.

1433 floh ein Mörder auf die Veste „da las man dy hohen eht uber in: wer in hauset, hofet, eczet oder trencket, da wolt man alle dy recht zu wartend vnd habend sein, dy man zu dem morder het; vnd am nechsten samstag darnach da radprecht man in".[62]) 1440 flieht ein Dieb in die Jakobskirche, der Komtur verweigert die Herausgabe. Während des Streites springt der Dieb durch ein Kirchenfenster, wird gefangen und gehängt. Die Sache geht jedoch noch bis vor das Konzil zu Basel; Nürnberg protestiert beim Kaiser, erholt Consilia von den Juristen Paduas und Bolognas und wenig fehlte, so wäre der Rat verurteilt worden, den Dieb wieder lebendig zu machen.[63])

Wirksam erwies sich noch das Asylrecht in den Jahren 1391, 1475, 1500, 1506, 1508, 1517, 1519; 1524 ließ der Rat einen mit Gewalt aus dem deutschen Haus nehmen. 1552 und 1572 giebt es abermals Differenzen mit dem Komtur, da dieser behauptet, das Privileg Friedrichs beziehe sich nicht auf Verbrechen, welche im deutschen Hause selbst begangen worden.[64])

Mitunter versichert man den, der in die Freiung geflohen, seines Lebens in der Besorgnis, daß „gemaine Stat an Jme einen schweren vnd gewissen veind haben möcht vnd er doch an dem ort als seiner gewarsam vnd geweihten stat nicht anzetasten".[65])

Als ein vermeintlich Ertränkter in Sebaldi Bahrhaus wiederauflebt und der Pfarrer für ihn bittet, erwidert der Rat: „nachdem dem Cuntzen der Kirchoff von dem Richter erlewbt vnd er nu vf das gewevet bracht were. So wolt ein Rat die lewt heißen abgeen, aber ein Rat erlewbt noch verbüte im (dem Pfarrer) nichts."[66])

Als sich 1466 einer in die Katharinenkirche geflüchtet, verfolgt von seinem Widersacher, der ihm vorher Friede gelobt, befahl letzterem der Rat: „so solt er den kirchoff widerweichen lassen vf sein selbs costen."[67])

Eine Ausnahme vom strengen Recht begründeten endlich die sogenannten I n z i c h t s a c h e n. Wir kennen aus früherer Zeit das

---

[62]) Hegel I 388.

[63]) Ann. 1440.

[64]) Ann. h. a.

[65]) Rtb. VIII, 431 K.A.

[66]) Rtb. I, 215 St.A. cf. Note 30.

[67]) Rtb. I, 220 St.A.

Vorrecht des Bürgers, wenn „böser Leumund auf ihn ging" oder Inzichten (Anzeigen) gegen ihn erfolgten, vor den Rat bezw. das Gericht zu treten und sich von dem Verdacht durch Einhandseid zu reinigen. Dies Vorrecht bestand auch jetzt noch: Der Beinzichtigte (Inzichter) klagt durch seinen Fürsprechen vor Gericht, daß er mit Unrecht eines Deliktes geziehen worden sei und deshalb „Sein vnschuld thun wöl", unter der Beifügung, daß er den, der ihn fälschlich beschuldigt, durch einen geschwornen Fronboten zur Einsprache gegen den Eid aufgefordert habe. Da er nun „vngepunden v. vngefangen für gericht kumen", erteilen ihm die Schöffen auf Frage des Richters das Recht, sich durch einen gelehrten Eid zu reinigen, bannen ihm nach dem Schwur Friede seinen Verfolgern gegenüber und fertigen ihm eine Urkunde hierüber aus, in der zwei Schöffen als Zeugen figurieren.[68])

Es ist jedoch außer Zweifel, daß man dies Vorrecht fast durchaus nur in weniger gravierenden Fällen oder bei Inzichten von auswärts noch duldete[69]) und bei schwerem, begründetem Verdacht dem Bürger den Prozeß, wie einem Fremden machte. Wer daher hierin ein böses Gewissen besaß, dem war nichts Besseres zu raten, als schleunig das Stadtgebiet zu verlassen.[70])

Aber auch mancher Fremde mag Reißaus nehmen, wenn er solch bedenkliches Gerücht gegen sich vernimmt, da er bezüglich einer Verhaftung noch weniger Rücksichten zu erwarten hat, als der Bürger. In vieler Hinsicht aber mit Nürnberg, vielleicht weil es ihm eine Erwerbsquelle bietet, verknüpft, liegt es ihm daran, sich von dem Verdachte zu reinigen. Er sendet deshalb, früher an den Schultheiß, später an den Rat einen Boten mit der Bitte, ihm zur Austragung seines Handels sicheres Geleit zu erteilen.[71])

Nach den Polizeiordnungen darf, wenn ein Verbot seitens der Bürger vorliegt, kein Geleit gestattet werden;[72]) um Geldschuld

[68]) Weiß M., Nr. 35, K.A.; freilich schon nach den Polizeiordnungen bei Totschlag, Blutrunst und Heimsuchung unzuläßig, Baader 37.

[69]) Rtb. 0, 28 St.A.; A.B. 317, 18b.; Rtb. 0, 169 St.A.; Erweist sich der Eid als Meineid: 5 jar, A.B. 317, 18b; 10 jar, A.B. 316, 18; Anstiftung hiezu 10 jar, A.B. 316, 13.

[70]) Wann füran ain todschlag außtretten v. vermutlich das er Inzicht außpringen wirdt dann alspaldt seine guetter Inventiren, meiner herren gerechtigkeit zu erhalten Rtb. XX, 366 K.A.

[71]) Stromer 104.

[72]) Cod. 314, 42ff.; Man hat dem Sayler ein geleyte geben, doch also

nur mit des Fragers (Bürgermeisters) Wort, es seien denn „fürsten, brave v. freye. v. der selben herren gesinde di mit in her ein reitent". Ausgeschlossen vom Geleit sind ferner Verbannte und solche, die sich selbst von der Stadt geurteilt; sie sollen durch einen Scheinboten ihre Unschuld verfechten.[73]) Das Geleit darf endlich nur auf höchstens acht Tage erteilt werden.[74])

Kommt nun ein solches Gesuch vor den Rat, so unterwirft er es eingehender Prüfung. Scheint der Verdacht grundlos, oder Tötung durch Zufall (Unglück) oder in Nothwehr vorzuliegen, so gestattet er unbedingtes Geleit.[75]) „So sol er ein slecht sicher geleitt haben zu vns bey vns v. wider von vns für vns v. alle die vnsern vnguerlichen." Mitunter erfolgt nur Willfahrung, wenn sich der Petent innerhalb einer bestimmten Frist zu stellen verspricht.

Nach Empfang des Geleitszettels verfügt er sich an den ihm bezeichneten Ort an der Stadtgrenze, wo er in feierlicher Weise von Söldnern unter Begleitung des Schultheißen, später eines Ratsgenossen abgeholt wird. Niemand darf ihn während seines Aufenthalts verletzen, insbesondere ist er gefeit vor der Sippe desjenigen, den er ermordet zu haben bezichtigt ist.

Offenbart es sich nun während der Untersuchung, — die vermutlich durch Citation derer, die den Verdacht zu begründen vermögen, eröffnet wird, — daß er der That wirklich schuldig, so muß er wieder ungefährdet an die Grenze geleitet werden. Dann aber geht das Inzichtsverfahren in ein Kriminalverfahren über, nach einem Ratserlaß von 1515 wenigstens:[76]) „So ainem der ain Malefitz gehandelt hat, glayt von v. biß wieder an sein gewarsam geben wirdet, das man vngeachtet desselben nachuolgend wol peinlich gegen ainen solhen zehandeln hab."

Selbstverständlich wird das Geleit durch ein späteres Verbrechen, wie auch durch Drohung[77]) verwirkt.

---

wenn ez den Burgern niht fugt so mügen sie Im das wol absagen v. wenn sie Im das also absagen So sol Er damals darnach acht tage geleyte habn Rtb. Ia, 7 K.A.

[73]) s. w. o.

[74]) Auch sol der Schulthaize kainen gaste niht lenger gelaite geben denne acht tage, Cod. 314, 42ff. Es kann hierunter aber auch das Geleite außerhalb des Stadtbezirks verstanden sein.

[75]) Brb. II 110; III 51.

[76]) Rtb. X, 376 St.A.

[77]) Geleyt durch trohe verwirkt Ist er angenomen v. auf ein thurn gelegt Rtb. XIX, 209 K.A.

Ist endlich die Schuld von vornherein erwiesen, so wird die Bitte rundweg abgeschlagen mit der freundlichen Mahnung „das er sich von hynnen mach".

Wie ist es aber nun bei Bürgern? Seltsamerweise erreichen diese nur in Ausnahmefällen sicheres Geleit. So wird 1495 Fritz Derrer abgespeist:[78]) „wo Derrer nichts unbillichs gehandelt hab, sei Im geleyts nit not, zu dem so sey nicht gewonheyt bürgern geleyt zu geben"; oder 1471 Hans Ebner, der zwar drei Tage Geleit, das ihm vorher versagt ward, erlangt: „doch ob sich erfände das er strafbar were dor Inne solt In das geleit nit fürtragen".[79])

Ein Toppler erhält nur Geleit für seine Habe.[80]) Um so mehr wird es verweigert, wenn die Schuld gewiß, wie bei Berthold Nützel, dem selbst die Verwendung Maximilians nichts nützt.[81]) Auch in den alten Statuten ist nur von Fremden die Rede. Es bleibt also dem Bürger nichts übrig, als durch einen Scheinboten (Anwalt) sein Recht zu verfechten. —

Wenn nun das auf Verurteilung gerichtete Votum der Konsulenten, sowie die von den Schöffen revidierten Protokolle der Urgicht dem Rat vorgelegt sind und dieser zur Verurteilung entschlossen ist, so erfolgt die Entscheidung über den Rechtstag:[82]) „dem rechten seyn gang lassen vber den dieb v. richter v. schöpfen yetz zu Im, bekennt er aber In sagen zu sterben" mit dem Auftrag an die Schöffen, Urgicht und Urteil für den Rechtstag „auszurichten" und den Leben „darzustellen".[83])

Dieser Beschluß ergeht in der Ratssitzung nach Fragestellung durch den besonders hierzu berufenen Stadtrichter.[84]) Hierauf begibt sich dieser mit den Lochschöffen und einem Lochschreiber in das Lochgefängnis zu nochmaliger solenner Abhörung der Urgicht, wobei der Arme ungemartert, d. h. „frei, ledig und ungebunden" vernommen werden muß. (So ist es auch zu verstehen, wenn es

[78]) Rtb. VI, 156 St.A.

[79]) Rp. 1471, VI 3.

[80]) Rtb. Ia, 22 K.A.

[81]) Rtb. VI, 226 St.A.

[82]) Rp. 1449, XII 8.

[83]) Rp. 1475, VIII 1; Rp. 1471, V 15; Rp. 1449, IV 14.

[84]) auf Retzers von München vrgicht ist der statrichter in Rat erfordert v. auf frag desselben erteilt, das demselben Retzer die augen sollen ausgeprochen werden, Rtb. XIV, 287 St.A.

in der Verteidigungsschrift des Rates bei Muffel heißt:[85]) „in vinculis Imperii sine tortura per solennem in quisitionem confessus et testibus convictus est“, wodurch allerdings der Schein erweckt wird, als ob Muffel überhaupt nicht gefoltert worden wäre.) Der Bannrichter erklärt hierauf:[86]) „Daß ein Rechtstag auf den dritten oder vierten Tag angestellet sey, der ihme am Leib und Leben schädlich sein dörfte; dahero er dann sein Sünden ernstlich bereuen und seine Seele wohl bedencken mögte; zu welchem Ende man ihme Herren Geistliche zugeben wollte“. Zugleich wird Bürgschaft über ihn aufgenommen. Der Arme erhält, während er auf das schärfste bewacht wird, Zuspruch von besonders hierzu beorderten Diakonen, sowie von Verwandten und Freunden, endlich das Sakrament, betr. dessen 1485 bestimmt ist,[87]) „das hinfüro die Armen menschen Im loch den das leben abgesagt württ, nicht So früe als Jetzo beschicht Sünder vngeuerlich vnder der fruemeß oder darnach mit dem Sacrament sollen versehen werden“. Öfters wird er in den letzten Tagen noch zur Rede gehalten, nicht nur zur Erkundung seiner Genossen oder aus politischen Gründen, sondern auch noch wegen eigner Verbrechen, jedoch stets in gütlicher Weise.[88]) Was den letzten Willen zum Tode Verurteilter betrifft, so wird ihm selten Folge geleistet;[89]) doch wird ihr Vermögen, das bis 1331 ausnahmslos der Konfiskation unterlag, den Erben zugewiesen.[89a])

Bei Klagen, welche von auswärts erhoben, oder bei Gefangenen, die wegen auswärts begangener Verbrechen zu richten, ergeht an die betr. Stadt unter Zusendung der Urgicht die Aufforderung, ihr Recht geltend zu machen, wo nicht, so würde von Amts wegen verfahren. Umgekehrt wahrt auch Nürnberg das klägerische Recht, wie z. B. in einem Schreiben an Friedrich von Bran-

---

[85]) Hegel I 771; zusambt dem er solichs in des Reichs vancknuß ungemartert bekentlich gewesen, daruff er dan bey vorgeschriben vngemarten bekanten diepstal belieben, Muffel Akt 18.

[86]) Dannreuther, Nemesis Norica 51.

[87]) Rtb. IV, 108 K.A.

[88]) Rp. 1486, VI 10.

[89]) Elizabeth Wolffen, soll alßdann die verzaichnuß ires letzten willens vberantwurt werden, den auß zerichten, der würde dann in recht widertrieben v. vncreftig erkanndt Rtb. XI, 509 St.A.

[89a]) Priv. 1347: ob er aber nicht gerichtet würde, sondern entwiche, daß sein Gut an seine Gläubiger bezahlt werden solle. R.A.

denburg (1503):[90]) „Vnd wissen E. f. gn. als ein hochverstendiger Fürst zu bedencken. Wo ain Vbeltetter Vmb sein mißhandlung betretten v. In fangknus pracht wirdet. Vnd yemand gegen denselben das recht ansucht v. begert das der richter In des pannden der Vbeltetter ligt, schuldig ist. dasselbig zu gestatten v. ergen zelassen. Vnd von amptswegen mit seiner clag ze rwen vnd stillzesein, wo aber nymand kompt v. rechts begert. Alßdann soll v. mag der richter von amptswegen hanndeln Vnd so gemelte zwen gefangen offenbare fridprecher v. vbeltetter sein So bitten wir mit vnderthänigem Vleiß ewr f. gn. Gerichts nochmals zuuerschaffen vnns gegen Inen rechtens zu gestatten v. ernstlich frag v. Rechttag zu ernennen".

Alle von auswärts erbetenen Urteile werden seit 1471 schriftlich abgefaßt.[91]) Bürger und Bürgerskinder werden, wie öfters erwähnt, bisweilen statt der Todesstrafe zu Gefängnis verurteilt, erstere auf Lebenszeit und ohne Zulassung von Gnade; jugendliche Personen mitunter zur Züchtigung ihren Eltern und Lehrern überwiesen — einmal findet sich auch „mit Worten strafen" — oder mit öffentlicher Leibesstrafe und Stadtverweisung belegt.[92])

Als bemerkenswerte Abweisungen von Fürbitten ist die bei Seckendorf zu erwähnen, dessen Geschlecht 1512 geltend macht, man solle ihn ledigen und verschonen, da noch kein Seckendorf dem Henker überliefert worden sei, worauf der Rat bedauert: „Der Verhafte habe in peinlicher Frage soviel bekannt, daß er am Leben müsse gestraft werden, sie könnten es vor der Gemeine nicht verantworten."[93])

Ähnlich 1466 bei Friedrich Hayden, für den Abensberg gebeten: „Wiewohl wir Euer Edelkeit gern zu Willen würden, so ist doch die Sach einen gefährlichen Mord antreffend, also daß Uns

[90]) Brfb. XLVIII 62.

[91]) Rp. 1471, VI 10.

[92]) dem Schuler der Dyeberey halb verwandt seinem Schulmaister zu vberantwurten mit dem befelh In vmb solich sein mißtatt mit Ruthen zu straffen v. von der Statt zu weysen Rtb. V, 173 St.A., den hieb man nit auß was zu junk, Hegel V 657; epilept. Delinquenten, welche die öffentl. Fustigation ausstehen sollen, Lochschilling, Jäger, jur. Magazin 331; die jungen gesellen die Ins loch gefürt mit worten straffen Rp. 1449, VIII 8; neun knaben dem züchtiger der Ir etlich mit gerten in dem loche gestraft v. darnach auß der Stat geslagen het St.R. VI 29.

[93]) Ann. 1512.

fast unfüglich wäre, solche schwere Verhandlung zu begeben".[94]) Ferner wird eine Fürbitte des Herzogs Albrecht von Bayern abgelehnt, weil der Totschlag, wiewohl vor zwanzig Jahren begangen, ein gefährlicher gewesen, wonach zu vermuten, daß Verjährung bei Verbrechen überhaupt ausgeschlossen ist.[95]) Giechs Geschlecht, der übrigens später ledig wird, verlangt 1527, daß man ihn der Freundschaft zu Ehren verschonen solle, „dann er ein jung muthwillig Gesell nit ganz bei seiner Vernunft".[96])

Bei Muffel endlich reisen kurz nach seiner Verhaftung die Markgräfin Anna und der Herzog von Sachsen nach Nürnberg, um für ihn zu bitten. Doch läßt sie der Rat gar nicht vor: „hat In ein Erberer Rat mit erbern worten abgelaynt u. In Hans Coler in Jr herberg geschickt v. deßhalb antwurt zu tun, welch antwurt Si nicht begnügig geweßen".[97])

Nach der Richtung trifft Pfalzgraf Friedrich ein, der den zu ihm beorderten Wilhelm Löffelholz auf das genaueste ausfragt, auch welche Geistliche Muffel im Gefängnis besucht, welche Schöffen ihn verhört und besagt hätten „ob es war wer was zwen sagten, do must ein iglicher auf vrtaile oder Wo er des nit thet, wer er maynaidig. Des aber Löffelholz klar vnterrichtung thet, mit was ordnung man pfleg die gefanngen zu mern v. zu besagen. Auch so hort der Herr Vast gern, das er mit einhelliger stymm zum tode mit Vrtail ertailt was v. was von Im weißlich geacht, das man den rechten seinen ganck v. das gericht nicht zu Swert geendert hat".[98]) In der von dem Sachwalter Dr. Albert Cock in Rom verabfaßten Rechtfertigungsschrift erklärt der Rat: „wie vil lieber wir zu verschonung der ding, seins erbern herkomens v. der nahenden Sippe v. Frewntschafth halb, damit er vns dem merern teil In Vnserm Rate verwandt gewesen ist, baß genaigt gewesen weren".[99]) In seinem Urteil wird auf den durch Bruch des Amtseides besonders erschwerten Diebstahl hingewiesen, das Testament ausnahmsweise anerkannt und die in demselben von Muffel als Ersatz für das Entwendete ausgesetzte Summe in kluger Politik

---

[94]) Docum. contra Brandenb. fol. II, Actor, Tom III.

[95]) Rtb. V, 173 St.A.

[96]) Malblank, Gesch. d. peinl. Gerichtsordnung 29.

[97]) Muffel Akt 1.

[98]) M.A. 22.

[99]) M.A. 18.

den Erben überlassen.[100]) Der Streit über die Berechtigung zur Verurteilung währt übrigens noch Jahre; ein Professor Paduas verabfaßt ein umfangreiches Rechtsgutachten hierüber mit nicht uninteressanter Fragestellung.[101])

Einige Worte noch über die Appellation.

Vor Eingriff weltlicher und geistlicher Gerichte durch Privilegien gewahrt, war Nürnberg eifrig darauf bedacht, sich dieses Recht ungeschmälert zu erhalten.[102]) So behandelte es der Rat auch gleichsam als Verbrechen, wenn ein Bürger an fremde Gerichte zu appellieren wagte, wie z. B. eine Stelle aus einem Erlaß von 1510 besagt:[103]) „Wo er sich derselben (Appellacion) wider ains Rats freyhait am Camergericht geprauchen werd, ain rat zu behaltung v. handthabung solher freyhait nicht vndterlassen, seiner zeyt vmb die verwürckten pen v. straff gegen Jme als ainen vngehorsamen verprecher ze handeln v. fürzenemen."

Im übrigen war — aber jedenfalls nur in Zivilsachen — Appellation mit Genehmigung des Rates und nach Ableistung eines besonderen Eides „laut püchleins" gestattet.[104]) Doch ist kein Fall verbürgt, wo gegen ein Todesurteil appellirt worden wäre, und auch das die Frevelsachen aburteilende Fünfergericht war seit 1474 von jeder Berufung befreit.

Gleichwohl machte sich unter den Hochgelehrten bisweilen eine Strömung in entgegengesetzter Richtung bemerkbar, wie in folgendem Ratschlag:[105]) „Es mocht ymant fragen, ob man In sachen strenngs rechtens, das leben glider er antreff, mochte appeliren. Dartzu sag ich kurzlich, das ein yeder in schrifften oder mit lebendiger stymme appeliren mag in disen peinlichen sachen Zum dritten mal fur den, der condemnirt oder verurteilt ist, auch wider des verurteilten willen. So mag man appelliren in crimine lese majestatis. Es were dann daß die sach der vbeltat were gantz offenbar u. wissenleich."

---

[100]) M.A. 35.

[101]) M.A. 16. s. i. ü. Mummenhoffs Abh. ü. „Muffel" i. d. Allgem. deutsch. Biogr.

[102]) Reform 1479 Tit. 10, Ges. 3.

[103]) Rtb. IX, 263 St.A.

[104]) Rp. 1476, III 1; ertel den aide der appelacion lawt püchleins Rp. 1475, X 12.

[105]) Rtschlb. 1478, 191.

Der Rechtstag.

Ist des Rates Todesurteil ergangen und dem Armen durch Bannrichter und Lochschöffen das Leben abgesagt, so wird er sorgfältigst vor Selbstschädigung gehütet. Gilt es doch, ihn als kostbares Objekt für den Rechtstag zu wahren, um dem Rat Gelegenheit zu geben, sich in seiner Gerichtsherrlichkeit zu zeigen und dem Volk ein abschreckendes Schauspiel zu bereiten. Von weither strömt es herbei nicht nur zur Exekution, sondern auch zur Abhaltung des Halsgerichts im Rathaussaal, für dessen feierliche Hegung die Ordnung des Ungerichtsverfahrens als altes Rüstzeug hervorgeholt wird. Verändert nach den Neuerungen der Inquisition, erscheint die peinliche Wahrung der Form im Gegensatz zu früher, wo unleugbar ein tiefer Sinn darin verborgen lag, nur noch als leere Komödie. Denn für den Armen leistet die Versagung der richtigen Formdurchführung seitens des Klägers nicht mehr die Möglichkeit der Rettung; selbst Widerruf des Geständnisses ist nutzlos, seine letzte Hoffnung basiert auf der Fürbitte einflußreicher Freunde.

Und doch wagte der Rat dem accusatorischen Verfahren nicht völlig zu entsagen. An Öffentlichkeit gewöhnt, hegte das Volk, wie sich das z. B. bei Muffels Untersuchung erwies, noch lange nach Einführung der Inquisition Mißtrauen gegen das lichtscheue Wirken der Schöffen in der Folterkammer.

So zeigt sich in der zweiten Halsgerichtsordnung das alte Verfahren in der Umgestaltung, daß das Geständnis des Armen oder vielmehr die Bestätigung der Lochschöffen, daß der Arme vor ihnen „frei und ungebunden" das Geständnis abgelegt, die Rolle des Übersiebnens übernahm, wodurch das Herkommen gewahrt schien, ohne daß eine Umstoßung des Ratsurteils zu befürchten war.

Wie man aber vor Einführung dieser Ordnung, d. h. von 1320—1459, das Halsgericht abhielt, ist nicht klar ersichtlich; wenn auch jedenfalls zur Begründung des Ratsurteils ein solenner, öffentlicher Akt der Richtung vorherging, so erfolgte dieser doch in anderer Form. In den Ratsprotokollen des letztgenannten Jahres findet sich nämlich folgender Eintrag: [1])

„Anthoni Tucher, Martin Holtzschuer sollen besehen, wie das

[1]) Rp. 1459, I, 9.

Halsgericht vormals mit fragen gehalten sein worden, u. sich des an Herrn paulus Gruntherrn erfaren u., woran gebruch gefunden wirtt, das beschreiben lassen u. bessern."

Man kehrte also zur interrogatorischen Form zurück und zwar nach dem Muster einer früheren Ordnung.

Wenn man nun die von uns edierte I. Ordnung mit dem neuen Entwurf vergleicht, so spiegeln sich, abgesehen von den tief einschneidenden Änderungen, welche die Verdrängung des Übersiebnens durch das Inquisitionsverfahren hervorgerufen, die einzelnen gerichtlichen und parteilichen Handlungen der I. Ordnung in auffallender Weise in der II. wieder. Jedenfalls ist die Annahme Zöpfls, man habe in dieser lediglich eine Kopie der im Verfahren verschiedenen Ordnung des Bamberger Stadtrechts vor sich, nicht mehr aufrecht zu erhalten, wenn auch immerhin die Ähnlichkeit mit letzterer nicht völlig zu negieren ist.

Daß sie wirklich zur Anwendung kam, zeigen verschiedene Stellen der Urteile des Halsgerichtsbuches aus den Jahren 1487 bis 1526; wohl aber nicht dem ganzen Umfang nach: die Vorverhandlung wenigstens, welche zur Verbürgung und Setzung des Rechtstages auf einen erst in vierzehn Tagen stattfindenden Termin bestimmt ist, wäre mit der damaligen Praxis unvereinbar, da nach dieser alles in einen Akt zusammenfällt, der drei Tage nach der Lebensabsagung erfolgt und an den sich die Richtung unmittelbar anschließt.

Bezüglich dieser Ordnung sind drei verschiedene Aufzeichnungen in Betracht zu ziehen: Die Stromersche mit der Jahrzahl 1478, die von Siebenkees veröffentlichte von 1481, endlich die dieser Abhandlung beigefügte Tuchersche von 1485.

Die erste, im Frhrl. v. Stromerschen Familienarchiv befindliche, dem Verfasser durch Herrn Bürgermeister Frhrn v. Stromer in gütigster Bereitwilligkeit zur Einsicht mitgeteilte Ordnung trägt auf dem couvertartig gefalteten, quartförmigen Schweinslederumschlag den Titel „Halßgerichts-Ordnung" mit der Jahrzahl 1478 darüber. Er stammt wohl aus andrer Feder, als die Ordnung selbst. Auf der Innenseite befinden sich zwei infolge Rasur nahezu unkenntlich gemachte Worte, von denen das obere etwas dem Namen „Holtzschuer" ähnelt, was deshalb erwähnenswert, da nach dem allegierten Ratsbeschluß von 1459 einer der Redaktoren der Ordnung Martin Holtzschuer heißt.

Von den vierzehn Papierfolien beansprucht die sehr schön geschriebene Ordnung zwölf; mit großen roten Initialen beginnen die einzelnen Abschnitte, worauf oft mehrere Worte rot unterstrichen und die Anfangsbuchstaben im Text rot überdeckt sind. Die Schrift ist auf beiden Seiten durch schwarzen Rand begrenzt; als Schlußpunkte dienen rote Haken.

Leider fand die Aufzeichnung dadurch Verunstaltung, daß sie von späterer Hand in ihrem Wortlaut abgeändert und ergänzt wurde; auch das am Schluß der dritten (und wohl auch der zweiten?) befindliche „Heiratsbrieffe erzeugen" ist hinzugefügt.

Die zweite Fassung von 1481 wurde von Prof. Siebenkees in seinen Materialien zur Nürnberger Geschichte (II, 532) ediert. Wie bei vielem aus dem Nachlaß des trefflichen Altdorfer Gelehrten ist leider der gegenwärtige Besitzer unbekannt.

Die letzte Aufzeichnung endlich vom Jahre 1485 rührt nach ihrem Titel jedenfalls von dem im Ratsbeschluß als Redaktor genannten Anton Tucher her und befindet sich im K. Kreisarchiv Nürnberg (Nr. 559). Wegen ihrer größern Zugänglichkeit und da bei der vorigen keineswegs eine korrekte Wiedergabe des Originals verbürgt ist, entschloß ich mich zu ihrer Veröffentlichung.

Es ist ein Papierlibell in Schweinsleder geheftet, klein Quart (22 cm lang, 16 cm breit) mit 19 Folien, von denen 17—19 unbeschrieben. Die vordere äußere Einbandseite trägt die Aufschrift: „Halsge Richts Ordinung," während auf dem mit Fol. 1 bezeichneten Titelblatt zu lesen steht: „1485. Item das Püchlein gehört Anthony Tucher Am Hewmarckt", worauf die Ordnung bis Folio 15 läuft. Der auf Folio 16 befindliche Vorgang bezüglich des „Heiratsbrieffe erzeugen" blieb als nicht zur Ordnung gehörig unberücksichtigt.

Endlich fügte ich noch eine Synopsis bei, um den Unterschied zwischen der Stromerschen und den beiden andern Aufzeichnungen in kurzem zu skizzieren. Nach welcher Aufzeichnung die Stromersche Ordnung abgeändert und ergänzt wurde, läßt sich schwer entscheiden, da sie trotz der Korrekturen (B, a), die ebensowenig durch ihre Schreibweise sichere Anhaltspunkte gewähren, mit keiner von beiden völlig übereinstimmt. —

Zum Rechtstag wählt man gewöhnlich den Dienstag, Donnerstag oder Samstag, wenigstens nie einen Festtag; einmal erfährt er wegen einer kirchlichen Freiung Aufschub.[2]) Nach späterer Überlieferung begeben sich die Schöffen, nachdem der große Rat das Urteil in der Ratsstube nochmals geprüft und event. geändert, in feierlichem Zug in den Rathaussaal, wo sie der Bannrichter in der Senatorentoga auf erhabenem, mit dem Reichsadler geziertem Stuhle, an dessen rechter Seite ein Schwert und ein Haselnußstab angebracht sind, erwartet.[3])

Die Zahl der Schöffen, welche während der Hegung auf Bänken sitzen, schwankt zwischen acht und dreizehn; nach der Ordnung sind es „zwen oder mer".[4])

Das Gericht ist durch ein (später messingenes) Gitter vom Zuschauerraum getrennt. Der Ankläger soll bei der Thüre stehen; 1480 wird das Gericht erweitert und eine Thüre angebracht „vf die ein seythen darinn die öbeltätigen Menschen steen".[5])

Im übrigen sind bei der Ähnlichkeit der ersten und zweiten Ordnung nur die bedeutenderen Veränderungen hervorzuheben:

Als Ankläger (Ansprecher) fungiert — seit 1494 wenigstens — stets der Löwe, sofern nicht ein auswärtiger, mit besonderer Vollmacht versehener Anwalt auftritt. Die Fürsprecher werden nur aus den Schöffen gewählt; bei der Fällung des Todesurteils sind sie nicht beteiligt, wohl aber bei der Friedewirkung für den Kläger.[6])

Die Vorführung erfolgt in der Weise, daß der Richter das Gebot der Schöffen einem innerhalb der Gerichtsschranke befindlichen Büttel zuruft, der es wieder den außen Stehenden mitteilt, die den Armen „gepunden vnd gefanngen ym plaben Rock" vor Gericht bringen.[7]) Bekennt er, so folgt sofort das Todesurteil, für den Fall des Leugnens erbietet sich der Kläger zu sofortigem Beweis „mit zwaien geschworen Schöpfen am ring, als recht ist, Die mitsampt dem Richter, Der dan den pan hat gehabt, zu derselben

---

[2]) Dannreuther, Nemesis Norica 53; auch and. T. Rp. 1449, II 8; H.G.B. 1; Brb. XLI S. 9.

[3]) in acht haben wan man halßgericht haben will, daß man auf denselben tag; ee man an das gericht get, Im Rate ein frag tu, wie man denselben manen, darob man das recht besetzen will, ansprechen u. richten woll Rtb. 0, 2 St.A.; Dannreuther 42.

[4]) H.G.O. II, Fol. 1.

[5]) Dannreuther 42, Rtb. III, 24 K.A.

[6]) H.G.O. 2, 4, 4b, 5b.

[7]) H.G.O. 3, 3b.

zeite, von dem Heyligen Römischen Reiche, bey ym, In der gefencknuß gewesenn sint, vor den Er der Dieberey bekant hab".[8])

Gelingt dies, was freilich kaum denkbar, dem Kläger nicht, so wird der Arme frei. Bei den Urteilen der Halsgerichtsbücher findet sich hie und da die Verteidigung des Beklagten, die natürlich stets erfolglos bleibt.[9])

Die Vernehmung der beiden Lochschöffen geschieht einzeln und zwar ebenfalls unter Vermittelung von Fürsprechen. 1462 wird bestimmt:[10]) „So hinfür schedlich lewten tage zum rechten gesetzt werden, Sollen alwegen vier der treffelichsten stuck, ob einer so viel in seiner sage hat, auß reichen und die andern nit lesen lassen." Nach der Ordnung genügen „eins oder zway".[11])

Bezüglich der Frage, ob die beiden Lochschöffen wegen ihrer Zeugenqualität befugt seien, als Richter zu fungieren, ist ein interessanter Unterschied zu konstatieren:

Nach der von Siebenkees edierten Ordnung bekleiden sie beide Rollen d. h. es soll der Richter „die zwen Schöpfen, die den schedlichen Man besagt haben Der Vrteyll auch fragenn". Schwarzenberg dagegen hat in seiner Bambergensis (Art. CVII) die Vereinigung von Zeuge und Richter in einer Person für unzulässig erklärt und angeordnet, daß „dieselben zwen Schöpffen so also gezeugknuß geben, vmb die vrteyl nit gefragt werden". Trotzdem vertrat die Karolina die entgegengesetzte Ansicht, indem es bereits im Wormser Entwurf (Art. XCIII) heißt „nachdem solche zwen Schopffenn, nitt als zeugenn, Sonnder alß mittrichter hanndelnn, Sollen sie deshalb vom gerichtt, oder der vrttheyll, nitt auß geschlossenn werden". Aber selbst unsre drei Nürnberger Aufzeichnungen stimmen hierin nicht überein: Als ich die Tuchersche Ordnung hierauf prüfte, gewahrte ich zu meinem Verwundern, daß im Gegensatz zur Siebenkeesschen Ordnung an Stelle des „auch" ein „nicht" gesetzt ist, während in der Stromerschen das ursprüngliche „auch" radiert und — analog der Tucherschen — ein „nicht" dafür eingeschaltet ist.[12])

---

8) H.G.O. 5, 7.

9) H.G.B. 51.

10) Rtb. I, 38 St.A.

11) H.G.O. 7.

12) H.G.O. 7b.

Da nun die Tucher'sche die letzte der drei Aufzeichnungen ist und in fraglichem Punkt auch die später zu besprechende Ordnung von 1526 mit ihr harmoniert, so wird zweifellos die Nürnberger Praxis gegen Ende des Jahrhunderts dem „nicht" gehuldigt und so vielleicht dem Verfasser der Bambergensis zum Muster gedient haben.

Die Todesstrafen differieren insofern von den frühern, als die Strafe des Feuertodes fehlt, die Räderung des Mörders mit Schleifen zur Richtstatt geschärft ist und für Frauen das Lebendigbegraben als allgemeine Strafe eintritt.[13]) Im Halsgerichtsbuch, wie nach der sonstigen Praxis findet sich jedoch hierfür auch das Ertränken (Säcken) und als Schärfung beider Todesarten das Zwicken mit glühenden Zangen.[14])

In der Stromerschen Ordnung — nach ihrer ursprünglichen Fassung — findet sich nur „mit hahen als ein diep".

Von besonderem Interesse ist das formell nun breiter ausgeführte Gericht über den Toten, dessen in der ersten Ordnung nur oberflächlich gedacht wird. Es handelt sich hier nicht um das eigentliche Richten auf blickenden Schein, bei dem der Ermordete als Beweis gegen den Beklagten vor Gericht gebracht wird, sondern um Verurteilung des Thäters selbst, der nach dem Geständnis im Lochgefängnis gestorben oder sich selbst entleibt hat.

Der Hang zum Formalismus steigert sich zur unfreiwilligen Komik:[15])

Der Tote wird gebunden hereingeschleppt, der Richter nennt ihn mit Namen und fordert ihn dreimal auf, einen Fürsprechen zu nehmen. Da er schweigt, spricht des Klägers Fürsprech die Vermutung aus, daß er tot sei, wonach auf Urteil der Schöffen zwei von ihnen den Beklagten beschauen müssen. Überzeugten sich diese von seinem Tod, so wird ihm ein Fürsprech beigegeben, der aber, da sein Klient „nit vernunfft hat", noch einen Schöffen als „lerer" fordert. Mit diesem unterredet er sich, verspricht den Toten nach Kräften zu verteidigen, fragt dann den klägerischen Fürsprecher nach der Klage und widerspricht derselben, worauf das Verfahren in die gewöhnliche Form übergeht.[16])

---

[13]) H.G.O. 5.

[14]) s. w. u.

[15]) H.G.O. 8ff.

[16]) Suspensor 2 Pfd. hlr. lon o er uber einen toten richtet J.R. I 59;

Auch in der Voraussetzung differiert also dies Gericht über den Toten von dem in der ersten Ordnung, indem dort auch der Beklagte, der schon bei der Überwältigung oder aus Notwehr vom Kläger getötet wurde, gerichtet wird, hier aber das Geständnis von ihm bereits abgelegt sein muß.

Was den letzten Teil, das Richten über einen „verlewmundten menschen" betrifft,[17]) so fügte man es jedenfalls nur bei, weil es als Ausfluß eines kaiserlichen Privilegs immerhin von Bedeutung blieb, ohne daß man noch darauf zurückkam, da man bereits dem Prinzip huldigte, daß allein das Geständnis des Beklagten zur Verurteilung führen könne.

Über diese beiden Verfahren brach man den Stab, als man 1521 über abermalige Abänderung der Ordnung beratschlagte. Schon vor Einführung der vorigen konnte man über ersteres folgende mißbilligende Äußerung eines Hochgelehrten lesen:[18]) Item es mocht ymand fragen nach dem dieser diep gestorben ist ee er dan fur den richter oder gericht komen ist. Ob man in hett peynlich berechten mogen. die pen sol auch sein ein pein dem obeltetter. So der tod korper kein pein entpfindet so sol die volstreckung dem toden korper nit zugemessen werden. Noch vil mynner soll man den toden verklagen oder verurteilen."

1521 nun wollte man zwar die Hinrichtung eines großen Verbrechers zu Abschreckungszwecken event. noch zulassen, sonst aber war man einig, daß der Mensch mit dem Tod von jedem menschlichen Urteil entledigt sei: „es thet auch der richter mit solicher seiner vrtel dem verstorben leichnam eine soliche Injurj vnd schmach, derhalb er gestrafft werden mocht." Das Leumundsverfahren wurde gleichfalls für überflüssig erklärt, da eben auf „verleumbdung oder gemein geschrey on andre beweisung keiner zum tot verurteilt werden soll." [19])

Ferner schlug man folgende Änderungen vor: Die Bürgschaft des Klägers soll wegfallen, denn sie geschieht nur zum Schein, der Richter vertritt die Stadt nicht des Klägers, sondern des gemeinen Nutzens wegen. Die Fragen des Richters und Klägers sollen nur

---

1396 verbrennete man den Hagenbach also todt den er war erstochen worden, Stark. 1396; Hegel I 358.

[17]) H.G.O. 12ff.

[18]) Rtschlb. 1478, 192, 193.

[19]) Rtschlb. V, 20ff.

einmal, nicht dreimal geschehen, auch soll der Fürsprecher für den Kläger nur einmal Wandel dingen. Man soll überhaupt alle Handlungen beseitigen, die in Abwesenheit des Beklagten erfolgen. Endlich soll man den Urteilsspruch über denjenigen, welcher den Kläger wegen seines Vorgehens verletzen würde, unterlassen, da es ein Mißbrauch ist, über eine unbekannte Person in peinlichen Sachen ein Urteil zu fällen.

Die Umänderung kam jedoch damals nicht zu stande oder sie wurde wenigstens nicht zu Papier gebracht. Erst am 12. Oktober 1525 findet sich im Ratsprotokoll der Beschluß:[20]) „Bedencken und ratslagen ob man die ordnung mit dem abkünden des lebens zu peinlichem Rechttag enndern will," worauf es am 17. März d. f. J. heißt: „Die Halßgerichtsordnung Inmassen wie die verzeichent In volzihung zu pringen und in zwey büchlin anfertigen zu lassen."

Eines dieser Büchlein mag es sein, dem ich die Ordnung entnahm, welche ich lediglich der Vervollständigung wegen mit den beiden frühern ediere, da sie sonst wegen der großen Zahl ihrer Aufzeichnungen und ihrer Publikation im historisch-diplomatischen Magazin (Bd. I S. 271) ziemlich bekannt sein dürfte.

Wir sehen die Vorschläge d. J. 1521 insofern verwirklicht, als die Verhandlung bis zur Vorführung des Armen beseitigt ist. An ihre Stelle ist als Einleitung die Abkündung des Lebens und Beratung des Rates über die Art der Todesstrafe und die Urteilsformel getreten, welche später, wie auch ev. die Urgicht, vom Gerichtsschreiber zu verlesen ist. Der Eingang der Urteilsformel ist in zweierlei Fassung gegeben, je nachdem die Richtung auf Begehren einer auswärtigen Behörde oder von Amts wegen erfolgen soll. Die Bestätigung der Urgicht durch den Eid der Lochschöffen, als auch die Nichtbefragung derselben beim Urteilen bleibt, wie in der zweiten Ordnung; schließlich ergeht der Richtungsbefehl an den Nachrichter unter Beifügung des Friedgebots. Das Verfahren auf Leumund findet, wie das Gericht über den Toten, keine Erwähnung mehr. Die Rolle des Klägers und der Fürsprecher ist ausgespielt; ebenso fungiert der Löwe nach den Einträgen des Halsgerichtsbuches von nun an nicht mehr als öffentlicher Kläger.

Auf die unerquickliche, anfangs politische, später wissenschaft-

[20]) Rp. 1532, III 21; Im H.G.B. heißt es 1525: Newordnung v. verenn-derung des alten prozeß des halßgerichtsordnung zw N., H.G.B. 85.

liche Schreibfehde über die Frage, ob der Bambergensis bezw. Brandenburgensis irgendwelcher Einfluß auf die letzte Ordnung zuzugestehen sei, nochmals zurückzugreifen, scheint nicht mehr thunlich. Die zweite Redaktion wurde gleich der ersten im Ratsbeschluß ausdrücklich als Abänderung auf Grund einer „frühern" Ordnung bezeichnet. Es wurden hierzu i. gr. G. die i. J. 1521 gemachten Vorschläge der Konsulenten befolgt, welche jedesmal den Grund, weshalb sie die Beseitigung der betr. Bestimmung befürworteten, besonders angaben. Er war fast immer der gleiche, nämlich, daß die Bestimmung für überflüssig i. e. nicht mehr zeitgemäß anzusehen sei. Für derartige Abänderungen aber bedurfte es für die sonst durch große Rechtskenntnis ausgezeichneten Konsulenten gewiß nicht der Zuhilfenahme einer fremden Ordnung; der Bambergensis ist zudem in dem umfangreichen Ratschlag mit keinem Worte gedacht. Seltsam wäre dann auch die Beseitigung des Klägers und der Fürsprecher, welche sich doch in der Bambergensis noch ihres vollen Ansehens erfreuen. Was die Einleitung d. h. die Abkündung des Lebens nebst der Festsetzung der Todesstrafe angeht, so hätte sie schon der vorigen Ordnung vorangestellt werden können, denn diese Formalitäten erfolgten bereits zu Muffels Zeit in gleicher Weise. Neu erscheint die schriftliche Verabfassung des Urteils und seine Verlesung durch den Gerichtschreiber; bei von auswärts erholten Urteilen fand jene indes schon seit 1471 statt. Bezüglich der Haupthandhabe der Fehde, nämlich der Anordnung der Nichtbefragung der als Zeugen fungierenden Schöffen in der letzten Ordnung, wurde schon früher ausgeführt, daß diese Vorschrift bereits in der ursprünglichen Fassung der zweiten Ordnung oder wenigstens bald darauf zu Recht bestand.

Sileant arma! Woher auch die Vorliebe für Bamberger Recht, hat ja doch außer in geistlicher Beziehung nur selten ein wissenschaftlich juristischer Verkehr zwischen ihnen stattgefunden. Der Schriftenwechsel behufs Festsetzung des Fraißzirks oder Richtung ihrer Inkulpaten in Bamberg oder Nürnberg muß hier natürlich außer Betracht bleiben. Daß sie sich insbesondere in der Frage nach dem Erfordernis des Geständnisses zur Verurteilung noch zu Beginn des XVI. Jahrh. auf gespanntem Fuße befanden, erweist mein Citat am Schlusse des Leumundsverfahrens. Ein ähnlicher Fall geschah 1533,[21]) wo Nürnberg das Begehren Bambergs auf Richtung

[21]) Rtschlb. VII 287.

eines Bauern, der seinem Nachbarn wegen Nichtzahlung einer Schuld einen Drohbrief sandte, abwies und die Konsulenten ironisch beisetzten, daß sie jenes Ansinnen gar nicht verwundere: „man wiß ja der oberkeit zw Bamberg herttikeit gegen den Armen lewten."

Am 18. Juni 1532 erging der Ratsbeschluß:[22]) „Vber die Cammergerichts Vnd Halßgerichtsordnung bey den gelerten Ratschlagen." Ob hierdurch unsre Ordnung noch weitere Wandlungen erfuhr und insbesondere die Annahme der Karolina in ihrem ganzen Umfange erfolgte, dies zu erörtern, sei der letzten Periode des Nürnberger Verfahrens vorbehalten.

Der Vervollständigung wegen noch einige Worte über die Exekution!

Ist der Arme dem Nachrichter überantwortet, so wird unter Läuten der Sünderglocke und Begleitung der Priester, Büttel und Bettelrichter, des Löwen und des Lochhüters, von denen jeder hierbei mit einem besondern Amt betraut ist, über den Fischmarkt, die Fleisch- oder Barfüßerbrücke zum Frauenthor hinausgeführt. Der Nachrichter befindet sich gleichfalls im Zuge, doch verläßt er ihn bald, um früher zur Richtstätte zu gelangen. Unterwegs wird der Arme mit Wein erquickt, auch findet wiederholt Abhörung der Beichte und Reichung des Abendmahls statt. Frauen und Kranke werden mitunter auf Sesseln hinausgetragen. Zur Ausschleifung Verurteilte werden auf Häuten oder Holzschleifen durch Pferde (der Nachtjäger) zum Hochgericht geschleift; es gilt hierbei als frommes Verdienst, den Kopf des Armen zu halten.[23]) Zu den Zangen werden vornehmlich Frauen verurteilt, indem sie auf einen Wagen gebunden und unterwegs mit den glühenden Zangen in die Arme gekniffen werden.[24])

Am Rabenstein erwartet der Nachrichter den Delinquenten, sowie der kaiserliche Bannrichter zu Pferd in feierlicher Gewandung, von berittenen Stadtknechten umgeben. Die Hinrichtung findet übrigens hier und da, insbesondere in Kriegsläuften, wenn ein Überfall der Markgräfischen zu befürchten, in der Stadt auf

---

[22]) Rp. 1532, III 21.

[23]) woll in niemantz nachtragen lassen, Hegel IV, 167.

[24]) Hegel IV, 384; d. M.: Hannsen ritter vmb den mord an seinem schwangern eeweyb soll mit glüenden zangen Im ausfüren zehenmal angriffen v. gezwickt werden Rtb. XII, 443 St.A.

dem Marktplatz, am Neuen Bau u. a. O. statt.[25]) Vor der Exekution ruft ein Büttel das Friedgebot aus.[26]) Trotzdem thätliches Eingreifen in dieselbe schwere Strafe nach sich zieht, benimmt sich oft der Pöbel in ungeberdigster Weise.[27])

Das Hängen geschah in erster Zeit mit dem Weidenstrang (mit der wide), hierauf mit dem Strang oder mit der Kette. 1406 wird der Lichtenberger mit der Kette gerichtet.[28]) 1471 wird der Nachrichter getadelt, daß er einen mit der Kette übel gerichtet, und ihm befohlen „fürbas ein Strick zu der ketten zu halten v. die Armen bald zum tode hin zu Richten“.[29]) Später kommt nur der Strang zur Anwendung. — Das Köpfen mit dem Schwert erfolgte auf sehr verschiedene Weise; der Delinquent stand, saß oder kniete, je nachdem er Kraft besaß und es dem Nachrichter daran lag, seine Kunst zu zeigen.[30]) An mißlungenen Hieben fehlte es nicht; mitunter entrann der Nachrichter mit Mühe der Steinigung.[31]) — Rädern und Verbrennen geschah in der sonst üblichen Weise; oft wurden die Corpora delicti mit auf den Scheiterhaufen gelegt.[32]) Ein Sodomit wurde auf dem Pferde, ein Fälscher mit dem verfälschten Safran verbrannt. — Das in den Annalen erwähnte „In Oel-Sieden“ eines Muttermörders ist zu wenig verbürgt.[33]) — Das Ertränken exekutierte man wohl wegen des meist

---

[25]) zu Rechtfertigung eins landsknechts vm sein verhandlung vf dem Markt Ein stule oder punct vf zu Richten Rtb. V, 296 St.A.; Rtb. XXVII, 31 K.A., Ann. 1553.

[26]) außschreyen das nymant den züchtiger bey leib u. gut nit werffen noch beschedigen oder beschreyen soll Rtb. I, 178 St.A.

[27]) Ann. 1505: Pranger u. Augen; dieweill sich das Peuelgesindt am Jüngsten beim Hohen gericht mit Schneewerffen gegen den Caplanen, Stattknechten v. Nachrichter so freuentlich erwiesen. Achten sie nicht zethun sein. Wo es gleich yzt weitter zu schulden kommen sollt Sich zu vnterstehen. solches mit der geringen anzal der Schützen v. Stattknecht Oder gleich auch mit etlichen Ainspennigen vnter einer so großen Menge Volcks mit Hemern, Peyheln v. Andern Waffen versamblet, gewalsamblich zu wehrn. Dann sich gar leichtlich ein solchen Tumult darob erheben khündt. Das Alle ains Raths Diener vffm Platz pleiben müssen, Rtschlb. 1524—84, 724.

[28]) Hegel I 367.

[29]) Rp. 1471, IV 2 u. 3.

[30]) er kopfet sie all drei so redlich, das daz swert gleich hindurch schnurret, das in jeglichs lobet, Hegel V 706.

[31]) Ann. 1506, 1530.

[32]) Ann. 1444.

[33]) Ann. 1392.

niedrigen Wasserstandes durch Säckung, wobei der Sack (von einer Brücke bei der Hallerwiese aus) oft stundenlang mit einer Stange unter Wasser gehalten wurde.[34]) — Vierteilung kam selten vor, meist erst am toten Körper, Lebendigbegraben fast nur bei Frauen.

Als reguläre Strafe galt für diese anfangs das Hängen, seit Beginn des XV. Jahrhunderts das Lebendigbegraben, bisweilen mit Zangenstrafe oder Pfählung verbunden,[35]), welch letztre — um den Tod rascher herbeizuführen — durch einen Stoß in die Brust erfolgte. Bei der Grausamkeit dieser Todesart verweigerte schließlich der Henker selbst seine Mitwirkung und veranlaßte den Ratsbeschluß von 1515, nach welchem an die Stelle des Lebendigbegrabens das Ertränken trat.[36]) Dieses wich, bez. der Frauen wenigstens, 1580 der Schwertstrafe[37])

Widerruf des Geständnisses auf der Richtstatt oder Reißen des Strickes fand keine Berücksichtigung;[38]) ein scheinbar ertränkter, wieder auflebender Bigamist wurde nur durch die Freiung geschirmt, in der er sich zufällig befand.[39]) Juden hängte man meist an den obersten oder äußersten, nördlichsten Balken unter Aufstülpung eines Hutes mit heißem Pech.[40]) Selbstmörder wurden auf dem Feld oder einer Wegscheide verbrannt.

Die Gerichteten begrub man im Hochgericht selbst oder seit 1497 auf dem Lorenz-, seit 1520 auf dem Peters-Kirchhof in einem besondern Winkel;[41]) Muffel wurde in seinem Erbbegräbnis zu Eschenau beigesetzt.[42]) 1548 wurde zum erstenmal (?) einem Magister erlaubt „der Armen ainen so gericht In S. Peters Kirchen zuschneiden, doch das nit vil volcks darzukome“.[43]) Die Habe fiel, wie erwähnt, meist den Erben zu, die Kleider dem Nachrichter. Zu seiner Rechtfertigung ließ der Rat bisweilen die Übelthat des Exe-

---

[34]) dem Nachrichter ansagen heynt auff den Abendt die Prucken auf der hallerwiesen In die Pegnitz zu richten, sonderlich In achtung zu haben, das das wasser des orts die rechte tieffe hab Rtb. XXV, 3 K.A.; Hegel IV, 205, 168.

[35]) Pfister, Denk- und Merkwürdigk. d. St. Nürnb. II, 38.

[36]) Ann. 1515, Rtb. X. 358 St.A.

[37]) Anzeiger f. Kunde der Vorzeit 1870, 240.

[38]) der eine ward zwier gehangen, den der Strick gieng entzwey Stark. 1525.

[39]) Rtb. I, 215 St.A.

[40]) Hegel IV 285.

[41]) Rp. 1449, XII 3; Rtb. XI, 508 St.A., Dannreuther 91.

[42]) Ann. 1469.

[43]) Rtb. XXIV, 9 K.A.

kutierten ausschreien, die Urgicht drucken oder, wie bei Muffel, „den handel offenlichen ertzeln." [44])

Leibesstrafen und nur beschimpfende Strafen wurden auf dem Pranger, vor dem Rathaus, auf dem Markt, im Lochgefängnis, bei Ausweisung auf dem Weg zum Thore oder vor demselben, verstümmelnde Strafen auch seit 1487 am sog. Ohrenstöcklein an der Fleischbrücke vollstreckt. [45]) Bezüglich der Schärfe ihrer Ausführung hing viel von der besonderen Weisung des Rates oder auch der Laune des Züchtigers (Nachrichters) ab; Widersetzlichkeit wurde hier ebenfalls strenge geahndet. [46])

Wer vom Züchtiger gestraft, wurde nicht nur von Ehrenämtern ausgeschlossen, sondern auch von der Zulassung zum Handwerk; zählte er bereits zu diesem, so durfte er bei keinem Tanz desselben mehr erscheinen. [47]) Der Züchtiger selbst — oft in ärztlicher Kunst sehr bewandert — stand, wenn er auch für unredlich galt — doch in nicht unbedeutendem Ansehen; er war zur Teilnahme am Abendmahl berechtigt [48]) und wurde nach Aufgabe seines Amts, wenn auch nie zum Mitglied eines Handwerks, so doch mitunter zum Bürger erklärt. [49])

---

[44]) Rtb. XI, 401 St.A.; Rtb. Ic, 171 K.A.

[45]) So hinfüro yemandts an das plut geschätzt wurd. So sol die pawken vnder dem Rathause durch die Büttel gerürt v. bis zu dem Stock vorgepauckt werden Rtb. III, 252 K.A.; der Stock zu strefflichen hendeln bei der Fleischbrucken vfzurichten Rtb. IV, 27 St.A.

[46]) Hegel V, 657, 660; Rp. 1449, X 13.

[47]) kilian gelaint auff irem (messerer) handtwerk ze arbeiten, dhweil er durch den züchtiger gestrafft ist Rtb. XII 332 St.A.; dem handtwerk ist zugeben, das Sy die Ihenen, so ettwo vmb ir verhandlung durch den züchtiger gestrafft sein, nicht Tantzen lassen Rtb. IX, 297 St.A.

[48]) Dannreuther 97, Ann. 1510.

[49]) Dem Nachrichter vergönndt briefe malen als freye kunst, nach dem das nicht für ein handtwerk gehalten Rtb. III, 158 St.A.; Meyster Jorg der der Stadt Nachrichter ettwo vil Jar gewesen ist erteylt zu purger auffzenemen, das burgerrecht zu schenken v. Im das Holzmesserampt zu verleyhen Rtb. VI, 350 St.A.

Halsgerichts-Ordnung II.*)

(1485)

SO man över einen schedlichenn
man verpürgen will | vnd den
vom lebenn | zum tode mit Recht
pringen will | laut hernachgeschriben also |

Fol. I

ITem Der Richter Soll zwen Schöpfen oder mer
zu ym nemen | vnd der anclager sol da sein | vn
der anclager Sol | also sprechen | Herr der Richter
erlaubt mir einen fursprechen der Richter sol
sprechen | wes begert yr | Der anclager sol sprechen
Ich beger des herrn | N | Der Richter sol zu dem
anclager sprechen | Ich gan eüch sein wol | Der
anclager Sol sprechen zu den schöpfen | Lieber herr
ich pit eüch Das ir mir mein wort sprecht
Der schopff Sol sprechen Herr der Richter habt ir
mir erlaubt | Dem anclager sein wort zu sprech-
en | So spricht der Richter ya | So spricht der sch-
öpffe So ding ich ym wanndel | vnd wes ym
notturfft ist zu dem rechten | vnd erlaubt vnns
ein gespreche 2c. |
Vnd So spricht Der fürsprech Herr Richter Der
Anclager Haist mich reden | Ir habt einen sched-
b. lichen man In des Heyligen Römischen vnd In eüren
panden | Nach des leybs vnd leben Er kumen wil
vnd will das verpürgen als recht ist | vnd begert vn
pit Das ir die pürgschafft von ym auff nempt
vnd ym des einen Rechttag setzen wölt | Der Richter
fragt des rechten Die schöpfen süllen ertaylen zum
Rechten | will er dem Rechten nachkomen vnd
Das verpürgen als recht ist | So setzt yr ym pillich

---

*) Anm. zu H.G.O. II (S. 14 R. 2 Nr. 559, K.A.) Papier in Schweinslederеinb. 19 fol. 12, 17—19 unbeschr., auf fol. 16 das „Heiratsbriefe erzeugen". Auf dem Einband: HalsgeRichts Ordinung. Auf dem Titelblatt: 1485 Item das Püchlein gehört Anthony Tucher Am Hewmarckt. Die großen Initialen sind rot, sehr oft die Anfangsbuchstaben der einzelnen Wörter rot überstrichen.

ein Rechttag als recht ist | Der anclager spricht-
durch seinen fürsprechen | ya ich will es thon | vnd
stelt dar zwen man Die dem Richter geloben
Das sie pürg wöllen sein | Das der anclager | dem
Rechten nachkomen wölle | als vrtail vnd recht
geben hab | Wo er aber des nicht thet | So müsten
die pürgen dem richter zehen pfunt Haller | ver-
fallen sein | Nachdem als das statpuch ausweist
Vnd so das gelübe Dem Richter geschehen ist So
setzt der Richter dem anclager einen Recht-
tage vnd bestimbt ym den auch yn vierzehn
tagen So gelobt der anclager seine pürgenn
one yr schedenn von der purgschafft zu-
helffenn 2c.

II ITem So der Richter vnd die Schöpfen Zu ger-
icht gesetzen sint | Sol der anclager bey der Thür sten
vnd sprechen Herr der Richter erlaubt mir ein für-
sprechen | zum ersten | zum andern | zum
dritten mal | von gerichts wegen | Sol der Richter
sprechen | wes begert ir | aber der anclager | Ich be-
ger meines herrn | N | So sol der Richter ein yden
Schöpfen an dem Ring fragen | mit den worten
Herr N | ich frag euch auff eüren ayde | ob er yn wol
geuodert hab | So sollen die schöpfen | sitzende mit
enplöstem Haubt | Ertaylen | Er hab yn wol geuodert
Er sol yms gepieten zu dreyen malen | von ger-
ichts wegen Das er dem anclager sein wort
spreche.

ITem So sol dan der Richter Demselben Schöp-
fen gepieten | mit den worten Herr N | Ich gepe-
üt eüch zum ersten zum andern | zum dritten
b. mal von geRichts wegen Das Jr dem anclager
sein wort sprecht 2c. |
ITem sol der Schöpff dan auffsten vnd zu
dem anclager tretten | vnd sprechen | Herr der Richter |
erlaubt yr mir | dem anclager sein wort zu spre-
chen | Sol der Richter antwurten | Ich gan eüch sein
wol | Aber der fürsprech | So ding ich wandel | vn
wes er notturfft ist zum rechten | vnd ob ich yne
sawmet | Das er mein wandel müg habenn
Des pit ich mein Herrn | Die schöpffen zugedenck-
en | Herr der Richter | erlaubt vnns ein sprach
Sol aber der Richter antwurten | Ich gan eüch
sein wol | So sol sich dan der schöpff | zu dem
anclager wennden vnd fragen | wie er | yn an
sprechen wöll | vnd darauff sprechen Herr der

Richter | bekent ir dem anclager der pürgschafft |
Sol der Richter antwurten | ya | Aber der Schöpf |
Des pit ich mein herrn Die schöpfen zugedenck
en | vnd darauff sprechen | Herr der Richter |
wölt ir des anclagers wort hören | Sol der Rich=
ter antwurten Ja | Aber der schöpff sprechen
III Der stet hie vnd haist mich Reden Jr habt ein sche=
blichen man | yn des heyligen Römischen Reychs
vnd yn eüren panden | Nach des leyb vnd leben
er kumen will | Als recht ist | Er mant eüch Das ir
Den wölt für gericht stellen | vnd pit eüch Darnach
zu fragen | Ob ich den wol geuodert hab | Ob ir den
icht pillich stelt | vnd wie ir den stellen sölt | Sol der
Richter aber | ein yeden Schöpfen fragen | mit den
worten Herr N | ich frag eüch auff eüren ayde
Ob er den wol geuodert hab | Außgenumen des
Anclagers fürsprechen | Sol er nit fragen So
süllen die Schöpfen aber sitzennde mit enplösten
haubt | Erteylen | Er hab den wol geuodert | Er sol yn
gepunden vnd gefanngen für gericht stellen | Darauf
aber der Schöpff Herr der Richter | also ermant
er eüch Das yr yn stellen last | Nach der schöp=
fen vrtail Darauff der Richter sprechen sol zu den
pütell | Der ym gericht stet | Hayß yn her auff
füren Derselb pütel dan | herauß zu den ann=
deren seinen gesellen schreyen sol | fürt yn auff
her Die süllen es dann thon rc.
b. JTem So der arm für geRicht kumbt | Sol der
Richter aber | Des anclagers fürsprechen zu dreyen
malen von gerichts wegen gepieten wieuor | Das
er dem anclager sein wort sprech Der sol dan
aber auff Sten | vnd zu dem anclager tretten | vn
sprechen Herr der Richter | wölt ir des anclagers
wort hören | Sol der Richter antwurten ya | vnd
aber der schöpff sprechen | Dem hab ich wandel
gebingt | vnd stet hie vnd pit geRichts zu dem
Diep Der do gegenwurtig stet | gepunden vnd
gefanngen | ym plaben Rock | vnd spricht Er sey
mit seiner dieberey So schedlichen gewest Das
ir vill pillicher richt öber sein leyp vnd lebenn |
Dan das ir das lath | verJehe er der dieberey Das
wer ym lieb | wolt er aber | ym der laugen So
wöll er | Dy zu ym bringen mit zwayen gesch=
woren Schöpfen am ring | als recht ist | Die mit
sampt dem Richter | Der dan den pan hat gehabt |
zu derselben zeite | von dem Heyligen Römischen
Reiche | bey ym | Jn der gefencknuß gewesenn

sint | vor den | Er der Dieberey bekant hab ꝛc. |
IV ITem So Sol dann der Richter sprechen zu dem armen | Nym ein fürsprechen | auff welchen er dan derüt | oder nennt | Dem sol der Richter auch zu dreyen malen | von gerichts wegen gepieten Das er den armen sein wort sprech | Der sol dan auff Sten | zu dem armen treten vnd sprechen | Herr der Richter | Sol ich dem armen sein wort sprechen Sol der Richter antwurten | Jch gan euch sein wol | Aber des armen fürsprech So ding ich ym wandel | Ob ich yn sawmet | Das er mein wandel müg haben | Des pit ich mein herren die schöpfen zugedencken | Herr der Richter erlaubt vnns ein sprach Sol der Richter aber antwurten | Jch gan eüch sein wol | So sol sich den der für sprech mit dem armen vnterreden | vnd so er yn vernomen hat | Sol er sich wendten | zu des anclagers fürsprechen | vnd sprechen | was hat mein herre zu sprechen | Darauff des anclagers fürsprech aber Reden vnd sprechen sol | Der anclager pit gerichts zu dem Diep ꝛc. | gleicherweiß wie uor | wil dan der arme | Die anclag gedulden vnd nit läugen So sol sein fürsprech Darauff reden vnd sprechen
b. Herr der Richter Wölt Jr des armen antwurt horen Der Richter sol sprechen Ja | Aber der fürsprech Der arm bekennt der dieberey vnd spricht Er hab sich layder vergessen | vnd pit eüch | Herr der Richter | vnd mein herren die Schöpfen | vmb gots willen | Jr wöllet Jm genad vnd parmhertzigkait beweisen | vnd sol sich Des armen fürsprech wennden | vnd zu dem armen sprechen | ist dem also | oder ist das dein maynung Darauff des anclagers fürsprech | aber reden vnd sprechen | soll | Herr der Richter Nun fragt darnach Ob er der dieberey genüg bekannt hab | also das sein der anclager genyß vnd der gegenwertig Diep enntgelt ꝛc.
Dann sol der Richter aber ein yeden Schöpfen ausgenomen die zwen fürsprechen | fragen mit den worten | Herr N | Jch frag eüch auff eüren
V Ayde | ob er Der Dieberey genug bekannt hab So söllen Die Schöpfen aber sitzennde mit enplößtem haubt | Erteylen | Er hab der dieberey genug bekant | also das sein der anclager genyß vnd der gegenwertig Diep | entgelt | Sol des anclagers fürsprech aber sprechen Herr der Richter Nun fragt darnach | wie man über disen Diep richten sol | Sol der Richter aber fragen | mit den worten Herr N | Jch frag eüch auff eüren ayde

Darauff die Schöpfen aber sitzende mit enplößten haubt | Sollen erteylen | mit hahen zum tode | oder mit dem schwert zum tode | Die vrteyl eines mörders laut also | mit schlaipfen | vnd mit dem Rade zum tode Item ob es ein frauenpild ist | So sol die vrteil also lauten | lebentig zum tode begraben | ꝛc. | Darnach des Anclagers fürsprech aber sprechen soll | Herr der Richter Seintdemal | Im der anclager sein leip vnd leben | mit dem Rechten abgewunen hat | So fragt darnach Ob ym yemant vehe | oder veintschafft zu tragen | oder das yn arck | gen ym anndtenn oder efferen wolt | was rechts er zu demselbenn solt haben | vnd wartend sein | Sol der Richter Aber ein yeden | Schöpfen vnd auch die fürsprech
b. enn fragen mit Den wortenn Herr N | Ich frag eüch auff eüren ayde Die süllen dann | aber sitzennde vnd mit enplöstem haubt | Erteylen | Daßelb Recht Als zu dem gegenwertigen Diep | Darauff aber des anclagers fürsprech Reden vnd sprechen sol | Herr der Richter Also ermant eüch der anclager Das Ir Im richten laßt | nach der Schöpfenn vrtail
VI ITem wen aber der arm | Der anclag nit gedulden vnd yne laugen steet | So sol des anclagers fürsprech sprechen | Herr der Richter Seintdemalen der arm Der anclag nit gedulden | vnd yn laugen steet | vnd der anclager Im anfang auff pringen ist gangen So fragt darnach Ob man sein pringen icht pillich verhöre | und geschehe dan darnach | Das recht ist Sol der Richter fragen ein yeden Schöpfen mit den worten | Herr N | ich frage eüch auff eüren Ayde So söllen die Schöpfen | ertaylen | man verhöre sein pringen pillich | vnd geschehe dan darnach das recht ist | So sol des anclagers fürsprech aber sprechen | Herr der Richter Nun fragt darnach | wen er das zu ym pringen sölle | So sol der Richter aber fragen | wie uor | vnd die Schöpfen erteylen | hewt | oder zu tagen | Darauff Des anclagers fürsprech sprechen sol | Herr der Richter Er wil hewt | vol faren Dargegen des armen fürsprech Redenn Vnd sprechen soll | Herr der Richter | So fragt darnach Ob er das hewt nit zu Im precht | Ob der Arm Icht pillich ledig were | Darauff der Richter
b. Aber fragen vnd die Schöpfen erteylen söllen | pringt er das Hewt nit zue ym | So sey er von dem Clager pillich ledig ꝛc. |
Darauff Des anclagers fürsprech Aber Reden sol | Herr der Richter | also begert der anclager: Ir

wöllet herren N | verhören | was Im darumb wiß:
ent sey | Dem sol | dann der Richter zu dreyen malen
gepieten von gerichts wegen | Das er sage | was Im
Darvmb wißent sey | Der Schöpf Sol dan auffSten
vnd sprechen Herr der Richter | erlaubt mir ein
fürsprechen Soll der Richter antwurten | Ich gan eüch
sein woll | wes begert Ir welchen er dan nennt |
VII Dem soll der Richter | Auch Zu dreyen malen von ge
Richts wegen gepieten | Das er demselben zeugen sein
wort thü | Der sol dan auff Sten vnd sprechen Herr
der Richter Sol ich herren | N | sein wort thün | Sol der
Richter antwurten | Ich gan eüch sein woll | Der sol
ym dan auch andingen | als recht ist | vnd sprechen
Er heist mich Reden | Das er | mitsampt dem Richter
bey ym | Jne der gefencknuß gewesen sey | vnd
das er des | vnd des stücks | der er eins | oder zway
nennen soll | mitsampt annder dieberey bekent
hab | So sol aber | des anclagers fürsprech sprechen
Herr der Richter nün fragt Darnach | Ob ym der
Zeug wol bestannden sey | Also das sein der ancla=
ger genyeß vnd der gegenwertig Dieb entgelt So
sol der Richter aber fragen vnd die Schöpfenn
erteylen | Der zeug sei ym wol bestanden | Also bestee
ym der ander auch | So geschehe darnach | was recht |
ist | So sol dan des anclagers fürsprech | Den andren
zeugen auch begeren zuuerhoren | Der sol dan durch
fürsprechen | auch gehört | vnd gehandelt werden
Als der erst | vnd so der auch gesagt hat | Sol des
des Anclagers fürsprech Den Richter aber piten
b. Zu fragen Ob | Im yede Zeugen wol bestannden sint
also das sein der anclager genyeß | vnd der gegenw=
ertig Dieb entgelt | Der sol dan aber fragen | und
die Schöpfen erteylen | Im sind bede zeügen wol
bestannden | also das sein Der anclager genyeß
vnd der gegenwertig Dieb entgelt | So sol denn
des anclagers fürsprech | aber sprechen Herr der
Richter Nun fragt darnach wie man över
den Dieb richtenn soll | Das geet dan nach
dem form | hinauß | als vor geschriben steth
ITem So einer laugent vnd In die zwen Sch:
öpfen übersagt haben | vnd der Richter nün
fragt | Wie man den schedlichen man
Richten soll | Alßdenn Sol der Richter die zwen
Schöpfenn Die den schedlichen man | besagt
habenn | Der vrteyl nicht fragen |

VIII Wie man Vber einenn todtenn Mennschenn Richtenn soll |

Zum ersten Sol der anclager ein fürsprechen vorderen | Der sol ym von dem Richter erlaubt vn gepoten werdenn | Sein wort zu Reden | vnd Inn Denn andingen vnd begeren Den schedlichen man für gericht zu stellen | Nach gerichts ordnung Geleicher weis als över einen lebenntigenn rc.

ITem vnd wenn man den todten leichnam für geRicht pracht hat | Der sol gepunden sein | So sol der Richter Des anclagers fürsprechen gepieten zu dreyen malen von gerichts wegen | vt in: forma rc. | Das er dem anclager sein wort sprech | Der sol zu ym tretten | vnd Im sein Spruch Darlegen geleicher weiß Als zue einem lebenntigenn

b. ITem Denn sol der Richter Den todten mit Na: men nennen vnd laut sprechen Hans oder Chontz nym einen fürsprechen | zum ersten | zum andren | zum Dritten mal | von gerichts wegen | vnd so er denn ein weyl schweigt | vnd nit Redt Soll sich der fürsprech | zu dem anclager wenndten | vnd denn sprechen | Herr der Richter | Ich main er sey tode | vnd hab kain leben nicht | fragt Darnach wie es nun besteen sol | So sol der Richter ane dem Ring einen yeden Schöpfen fragen mit den worten | Herr | N | Ich frag eüch auff eüren ayde | wie es nun besteen solle | Die söllen denn erteylen | Das er zwen Schöpfen am Ring hyn auß gebe Die den armen besehen ob er lebentig oder tode sey | vnd geschehe den dar nach was Recht ist.

IX ITem denn sol der Richter selber Zwen Schöpfen Am Ring benennen | vnd gepieten mit den worten Herr N | vnd Herr N | Ich gepeüt eüch zum Ersten | zum anndren | zum Drittenmal | von gerichts wegen | Das ir hynaußget vnd den armen besecht | ob er vernunfft hab | lebentig oder tode sey Die süllen es den thun | vnd so sie yn besehen haben vnd wider yne das gericht kumen sein | So sol der Richter yr yeden | öffennlich fragen mit den wortenn | Herr N Ich frag eüch auff eüren ayde Wie ir den armen funden habt | Die söllen denn öffennlich sagen Das sie yn gefunden vnd gesehen haben | als ein todten menschen Der do weder ver: nunfft noch leben ym Im hab Denn sol der Richter

Aber ane dem Ring fragen einen yeden schöpfen
mit den worten | Herr N Ich frag euch auff euren
Ayde | Was nün Recht sey Die söllen den erteylen
Seintdemal die Schöpfen gesagt haben | Das der
tode sey | vnd kain leben hab | So sol er ym selbs
einen fürsprechen Auß den Schöpfen am Ring
geben | Der ym sein wort sprech vnd geschehe
b. denn Darnach Was Recht Ist |

ITem Denn sol der Richter selber ein Schöpfen
am Ring benennen | vnd Im zu Dreyen malen
von geRichts wegen gepieten | vt in forma | Das er
dem todten menschen sein wort thü Der sol den
auffSten vnd sprechen Herr der Richter Seintdemal der mensch todt ist | vnd nit vernunfft
hat | So fragt darnach Ob man Im icht pillich
ein lerer geb | So sol der Richter aber fragen mit
den worten | Herr N | Ich frag euch Darvmb
Auff euren ayde Die süllen Denn erteylen | Nach
Dem der mensch tode sey vnd nit vernunfft
hab | So geb man ym pillich ein lerer auß
den Schöpfenn am Ring.

x ITem Darauff Der Richter | Des todten fürsprechen
fragen sol | mit den worten | Herr N | wes begert
ir zu einem lerer | Der sol denn ein fürsprechen am
Ring mit namen benennen | Dem sol der Richter
alspald zu dreyen malen von gerichts wegenn
gepieten | vt in forma | Das er des todten lerer sey Der
sol es denn thon | vnd zu dem fürsprechen tretten
Die süllen sich denn mit einander vnter Reden
vnd der fürsprech Darauff sprechen | Herr der
Richter Seintdemal der mensch tode ist | vnd nit
vernunfft yn Im hat | So fragt darnach | Ob ich
vnd sein lerer | Im icht pflichtig vnd schuldigsein | pestes zu werben | vnd das trewlichst zu
hanndeln So sol der Richter aber fragen | vnd
die Schöpfen erteylen | Sie mügen Im wol sein
pestes werben | vnd das getrewlichst handeln
Nach geRichts ordenung Als Recht ist | rc.

b. ITem Darauff Des todten fürsprechen Zu des anClagers fürsprechen sprechen soll | was hat mein herre zu sprechen | Der sol denn des | anclagers
spruch Darlegen | Auff meynung | Der pit gerichts
zu dem mörder Der do ligt gepunden vnd | gefanngen vor geRicht x | gleicherweiß Als zu
einem lebenntigen | So sol des todten fürsprech
Nach dem Der nit vernunfft noch leben hat
der anclag nit gedulden | vnd sprechen Herr der

Richter | Er ist des vnschuldig Des man yn zeyht
Darauff des anclagers fürsprech sprechen soll
Herr der Richter | Seintdemal des todten fürsprech
der anclag nit gedulden will | vnd der yn laugen
steet | vnd nachdem der anclager Im anfang
Auff pringen ist gangen | So fragt Darnach | ob
man dasselb sein pringen Icht pillich verhöre
vnd geschehe | denn Darnach was Recht ist | Das
get denn mit verhörung der zewgen hyn auß
Nach dem gemeinen form | Geleicher weiß
Als zu einem lebenntigen weyn er lawgent

XII (XI ist leeres Blatt) DO hernach uolgt Wie man auff
verleümunt freyheitbriefe | över:
einenn verleẅmundten menschen
Richtenn Soll ꝛc.
Zum ersten | Sol der anclager ein fürsprechen vor=
deren Der sol Im von dem Richter erlaubt | vnd ge=
poten werden | Sein wort zu Reden | vnd yne
andingen als nach geRichts ordnung | vt in forma
ITem vnd darnach Sol er sprechen | Herr der Richter
Ir habt ein schedlichen verleümunten man Ine
des heyligen Römischen Reichs vnd yn eüren panden |
Nach des leyb vnd leben Er kumen will | als
Recht ist | ꝛc. vt in forma |
ITem vnd wen Der verleümunt man | den an
das gericht kumen ist | So sol der Richter des ancla=
gers fürsprechen | von geRichts wegen gepieten
b. Vt In forma | Das er Dem anclager sein wort spr=
ech | Der sol den zu Im tretten | vnd sprechen Herr
der Richter Der anclager begert | etlich prieff zuuer:
hören vnd zuuerleßen lassen | vnd pit eüch dar:
nach zue fragen | Ob man die icht pillich verhö=
re | vnd darnach geschehe | Das Recht ist So sol
der Richter fragen | vnd die Schöpfen erteylen
man höre sie pillich | vnd geschehe denn darnach
was Recht ist | ꝛc. |
ITem als denn Sol der leümunt brieff | vnd die
gemein bestetigung eines kaysers oder künigs
der zu zeyten ist | Durch einen Redlichen sch:
reyber | Der darzu geuodert sol sein | öffennlich
Im geRicht verleßenn werden
ITem Darauff Sol | anclagers fürsprech spr=
echen | Herr der Richter Nun fragt Darnach
XIII Ob der anclager wol pracht hab Das Schöpfenn
vnd Rate oder der merer teyl vnter yn | gewalt
vnd macht haben | Das sie över einen verleümunten

man Der yn solichem schwerem leümunt ist | Richten
vnd den vom leben zu dem tode | erteylen mügen
Darauff der Richter aber fragen | vnd Die Schöp-
fen erteylen söllen | Er hab wol pracht | Das Sch-
öpfen vnd Rate | oder merer tayl vnter yn | ein
Verleẅmunten man vom leben zum tode erteylen
mügen
JTem Darauff Des anclagers fürsprech aber
Reden vnd sprechen soll | Herr der Richter Der an-
Clager pit gerichts zu dem verleümunten man Der
Do gegennwurtig stet | gepunden vnd gefangen vn
spricht Er sey sein vnd des lanndts verleẅmunter
man Jm | dem lanndt | vnd der Stat | mit seinem
leümut | So schedlich gewesen | Das Jr ym fill pill:
icher Richt över sein leyb | vnd över sein leben
b. Denn das Jr das laßt | verJehe er Jm des leẅmunts
Das wer ym lieb | wolt er ym Des laugen So wöl-
le er Das zu Jm bringen mit zwayen gesch:
woren Schöpfen | Am Ring | Als Recht ist Da
bey vnd mit gewesen sein | Das der merer
tayll Schöpfen | vnd Rats auff Jr ayde erkennt
haben Das diser verleümunt man pesser tode
Denn lebenntig sey zc.
JTem zu mercken | Das man albeg vor Jm
Rate zwen Schöpfen Darzu beschaiden soll
Wen es noth thue einen Jn vorgemelter
Weiße zue översagen | zc.
JTem Darauff Sol der Richter den armen
einen fürsprechenn heyssenn nemen vnd
er bekenne Denn | oder lawgen | So geth es
XIV Denn Nach dem gemeinen form hynn auß
JTem Auch ist Zu mercken | Das man över
einenn verleumunten man | mit dem Sch:
wert Richt Zu dem tode.

Synopsis:

A. Die Siebenkees'sche O. im Verh. z. Tucher'schen.

Fol.,	Zeile		Fol.,	Zeile	
I,	4	hernachgeschriben vacat	II, b,	3	Jtem so sol
„ b,	6	vrteylen st. ertaylen	III,	4	Jr Jm
„ „	11	darum st. dar	„	6	Jch Jm; Jr Jm
„ „	14	des aber st. aber des	„	7	Recht st. icht; Jr Jm
„ „	16	aufweist st. ausweist	„	12	aber vac.

III, 13 hab Im

" b, 14 er Im

" " 15 Im aber st. aber ym

" " 16 das zue Im st. Dy zu ym

" " 17 die da mit

IV, 3 Richter den auch

" 17 vnd sprechen was hat mein herre zu sprechen vac.

" b, 2 Sol der Richter st. der Richter sol; Aber der für-sprech vac.

V, 6 man Im; sein st. disen

" 8 Herr vac.

" 13 Satzstell.: Ob es ein frauen pild — begraben. Die vrtayll eines mörders — Rad zum tode; Item vor Ob vac.

" 14 ꝛc. Darnach vac.

" 18 yemandt darvmb vehe

VI vor Item: So der Arm lauget — als Überschrift.

VI b, 2 vor st. von

VII, 13 gestanden st. bestannden

" b, 9 ein st. den

" " 14 alß denn so sol

" " 16 auch st. nicht

VIII, 15 sol denn zu

" b, 13 vrteilen st. erteylen

IX, 5 hin auf geet

" 7 In denn besehen

" b, 2 selber vac.

X, 3 Schöpfen st. fürsprechen

" 8 denn vac.

" 15 sein vac.

" b, 18 Zeugen vnd andern

XII, 1 DO vac.

" 7 gepeten st. gepoten

" b, 15 Sol des anclagers

XIII, 3 einen yeden verlewmuten

" b, 4 Ist die dabey

XIV, 4 Zu dem tode vac.

B. Die Stromer'sche O. im Verh. z. Tucher'schen.

a. Nach der Korrektur.

I, 4 hernachgeschriben vac. wie bei Siebenkees

" 12 zu dem Schopfen

IV, 3 Richter den auch w. b. S.

V, 14 Darnach vac. w. b. S.

" b, 18 yemandt darümb veh w. b. S.

VIII, 15 sol denn Zu w. b. S.

X, 3 Schopfen st. fürsprechen w. b. S.

" b, 18 zewgen vnd anderm w. b. S.

XII, b, 15 des anclagers w. b. S.

XIII, 3 yeden verlewmuten w. b. S.

" b, 4 die dabey w. b. S.

XIV, 4 Zu dem tode vac. w. b. S.

b. Die Korrekturen.

II, 10 sitzende mit entplöstem haubt — eingeschaltet.

III, 6 Ich Im; Ir Im — die Im gestrichen

" 7 Ir Im — Im gestrichen

" 10 er Im — Im gestrichen

" 13 hab Im — Im gestrichen

" 16 Ir Im — Im gestrichen

" 12 aber sitzende mit enplöstem haubt eingesch.

" b, " nach „Er sey": sein vnd des lands diep Im dem lande vnd der Stat so schedlich gewest — gestrichen, So schedlichen gewest — eingesch.

III. b, 14 Im vber sein (dieberey) — gestr

" " 15 er Im — Im gestr.

" " 17 die da — da gestr.

IV, " 1 wölt ir des armen antwort hören — eingesch.

" " 4 herr der Richter vnd mein herrn die schopffen — eingesch.

" " 6 vnd sol sich des armen fursprech wenden vnd zw dem armen sprechen ist dem also oder ist das dein meinung — eingesch.

V, 2 aber sitzende mit enplöstem haubt — eingesch.

" 6 man Im — Im gestr.

" 9 aber sitzende vnd enplostem haubt — eingesch.

" 10 nach „hahen": als ein diep — gestr., zw tod oder mit dem schwert zw dod ob es ein frauen pild ist so soll die vrtheill also lautten Lebendig zw thott begraben die vrtell eines mörders läut mit schleipffen vnd mit dem Radt zu thott — eingesch.

" b 2 aber sitzende vnd mit enplöstem haubt — eingesch.

VI, " 2 vor in von corrig.

VII, " 8 man Im — Im gestr.

" " 9 sein gestr. u. „den" darüber geschr.

" " 16 auch radirt u. „nicht" darüber geschr.

Halsgerichts-Ordnung III.*)
(1526.)

So ein Erbar Rath zu Normberg vor
hatt einen Vbelthätter auf anruffen der
beschedigten oder vonn Amptswegenn
für sich selbst mitt peinlichem gericht zu
rechtfertigen So soll nachuolgender process
vnd ordnung gehalten werden

Erstlich so der gefangen Vbelthätter Im
gefängknuß souil bekhenndt das Ein Erbar
Rath sich auß billichait entschleußet Jhne
vmb sein verhandlung mit der peen deß
Todts zustraffen So soll ein Erbar Rath
vngeüärlich einen tag oder zween nach
deß Vbelthätters peinlichen bekhannt-
nus vnd Vrgicht auch vor vnnd ehe sie
Jhme einen peinlichen Rechtstag ernen-
nen. den Stattrichter mitt zweyen Schöpf-
en. zu dem selben Vbelthätter beschaiden
Vnd den außerhalb peinlicher handlung
an einem Orth da er frey vngebunden stehen
mag vnd doch vor entledigung verwahrt
sey befragen laßen ob er der begangenen
seiner vbelthatt so er hieuor bekhant gestend-
ig sey wo er dann dieselben wie vor bekhant
alß dann ein Rath Jhme einen Rechtstag
ernennen vnnd Jhne mit handraichung
deß Heyligen Sacraments deß Leibs vnd
bluts Christi vnnd anderm das einem
Christen zu seinem hayl von nötten sein
mag durch die Dienner der Kirchen wie
mit alter vngeuährlich herkhommen vnd
Christlich ist zuuersehen verordnen

So bald nun ein Rath dem Armen einen
Rechtstag ernanth haben mögen sie deßelb-
en oder aines andern tags wann es Jhn-
en gelegen sein . will doch vor vnd ehe die
offentlich Rechtfärtigung auf dem Raht-
hauß wie hernach volgt furgenomen

---

*) Anm. (S. 14, R. 2 Nr. 560 K.A) in Schweinsledereinb., Papier 11 Fol., 1 unbeschr. Auf d. Einband: außen: Hals gerichtsordnung, innen: das Pfinzing- und Groland-Wappen, darunter MDXCIII. Auf d. Titelblatt: Halß Gerichts Ordnung zu Normberg 1526. Darunter: Die beiden Stadtwappen.

würdet deß Vbelthätters bekhantnuß vnd
Vrgicht wie er die im gefangknus peinlich
vnd güettlich gethan hatt fur die handt
nehmen vnd nach gestalt bekanther sach
verhandlung sich durch einen rechtlich
entschiedt mit verschloßner Rathsthür
entschließen welcher gestalt vnd mit was
straff des Todts derselb Vbelthätter sol
le gerechtfärtiget werden vnnd so sie sich
also entschloßen haben sollen sie Ihren ge-
gebnen entschiedt alß baldt vnd ehe man
zu gericht kombt schrifftlich verfaßen
laßen vngeuährlich nachvolgender
verzaichnuß gemeß

Vrthel

Nach dem der Durchleüchtig hoch
gebornne Fürst vnnd Herr ect. Oder ein
ander so das begern würde bey Einem
Erbarn Rath vnnsern herren gesonnen
hatt gegenwärtigen N gefängklich an
zu nehmen vnd wider Ihne peinlich recht
wie sich gepüerth ergehen zulaßen.

Oder so man von ambts
wegen zu einem vbelthatter
richten will

Nachdem Ein Erbar Rath vnnsere
herrn als die Obrigkait disen gegenwer-
tigen N von Ampts wegen auß redlich
en vrsachen zu gefängknuß annehmen
laßen haben vnnd sich auf genugsame not
turfftige erfahrung auch seiner selbst be
kantnuß so er vor des heyligen Reichs
Panrichter vnnd zweien geschwornen
Schöpfen frey vngebunden gethan hatt
lauter erfindet zu dem das es auch sonsten
offenbar vnnd ruchbar ist das er deß Hey-
ligen Reichs straßen durch seine gewalt
thatten mercklich beschedigt vnnd wider
gemainen des Reichs Landtfrieden gehan-
delt hatt Demselben nach erkhennen mein
e herren die geschwornen Schöpffen zu
recht das gedachter N
Mitt dem Schwerth
Mitt dem Fewr
Mitt dem Waßer

Mitt dem Strang am galgen
Mit Lebendig vergraben vnd Pfäln
vom Leben zum todt gericht werden sollen.
Das er offentlich auf einnen wagen geschmidt biß zu der Richtstatt gefuert sein Leib mit glüenden Zangen gerißen Oder das er biß zu der Richtstatt geschlaifft vnd mit dem Rade vom Leben zum Todte gebracht vnd forter offentlich auf das Rade gelegt werden solle Anndern zu einem billichen Exempel vnnd damit sich menigklich vor solchen vbelthatten souil desto stattlicher zu hüetten hab

Unnd ist nitt nott allemal die Vbelthatt gar oder zum thail in der Vrtheil zumelden Sonnder ein Rath mag nach Ihrer vnd der sachen gelegenheitt setzen das der Arm Mörderey Dieberey vnd ander mehr Vbelthatt ect. Oder in gemain das er allerley Vbelthatten außweysung
seiner Vrgicht bekhanth hab

So dann ein Rath die vrthel also beschloßen vnd in schrifften verfaßen laßen haben vnnd die Schopfen sambt dem Panrichter an gewohnlicher Richtstatt nider geseßen sein aufgeleütet vnnd der Arm ohn vor gehende forderung für gefüerth vnnd für recht gestellt ist Soll der Richter diese main ung reden.
Lieben herren Nach dem ein Erbar Raht Vnsere herren auf ansuchen deß Durch leuchtigen ect. Oder von Obrigkait vnnd Ampts wegen gegenwärtigen N zu ge fängknus annehmen laßen. vnd er bekant hat Inhalt der Acta so Ihr gelesen gehört vnd derhalben auf heutt einen peinlichen Rechtstag angesetzt habt so frag Ich ewch auf ewere Ayde deß Rechtens vnd was derhalben recht sey

Vnd facht dann an dem vordersten Schopfen der main an zu fragen

Herr N Ich frag euch auf eweren Ayde

Antwort deß Schopfen

Herr Richter auf deß gegenwärtigen
Vbelthätters bekhantnus vnnd einbrachte
handlung haben wir die Schöpfen mit
zeittigem Raht vnns in ein Vrthel
vergleicht vnnd die in schrifften verfaß-
en laßen Die wollet hören lesen.
Als dann redet der Richter
zu dem Gerichtschreyber so alß baldt
mitt der verfasten Vrthel zugegen ist
Gerichtschreyber läst die Vrthel
Die soll der Gerichtschreib
er offentlich lautt vnd verstendigklich lesen
Darauf redet der Richter
zu einem yeden der Schöpfen wie die
nacheinander In Ihrer Ordnung sitzen
Herr Ich frag ewch deß Rechtens vnd
Vrtheils auf Ewern Ayde
Antwort der Schöpfen
Herr Richter wie die Vrthel yetzo ver-
leßen ist Also erkhenne Ich zu recht
auf meinen Aide
Alsbaldt nach vollender
Frag des Richters zu allen Schöpf
en redet der Panrichter zum Nach
richter diese wortt
Nach dem Vrthel vnnd Recht geben
hatt das dießer gegenwärtig Vbel
thätter mit dem Schwerth mit dem
strang ect. wie dann die Peen In der
Vrthel verlaut vom Leben zum tode
gericht werden soll so gib Ich dir Nach
richtern an statt Römischer Kayserlich
Maistat vnnsers Allergnedigsten Herrn
Vnnd Eines Erbarn Raths vnnser herrn
hiemit beuelch vnnd macht die ergangen
Vrthel derselben gestalt zuuolziehenn
vnnd zuuolstreckhen vnuerhindert
menigklichs Vnnd ob sich yemandt vn
terstehen würde daßelb zuuerhindern
oder ob villeicht dem maister mißlingen
würde vnnd yemandt handt an Ihne
legen würde der soll dadurch in gleich
meßige straff gefallen sein
Wo aber der Arm lang
nen soltt In was gestalt sich das
zutrüege so mag nachuolgender
Prozeß gehalten
werden.

Der Richter soll bey den
vörderſten Schöpfen wie hieuor
auch geſetzt iſt anfragen Alſo
Herr N Ihr habt deß armen mainung
gehört darumb frag Ich euch was nun
hier Innen recht vnnd pillich ſey
**Vnd alſo ſoll er die Schopf
en** nach einander fragen.
Darauf antworten die
Schöpfen ein yeder inſonders
Herr Richter Ich erkhenne zu recht
das deß Armen gethane bekhantnuß
vnnd vrgicht billich geleßen vnnd die
Zeugen ſo bey derſelben bekhantnuß ge-
weſen vnnd die von Ihme ver
nommen haben offentlich verhört
werden ſollen vnnd dann ferner be-
ſchehen das recht iſt
Darauf ſoll der Richter
dem Gerichtſchreyber beuelhen
deß Armen vrgicht zu leßen
Der ſolle die haubt Artickel
auß ſolcher vrgicht dadurch der arm
ſein Leib vnd leben verwürckt hatt
offentlich leßen. Iſt aber ohn nott
die gantzen vrgicht zuleſen vnnd
mag ſolche vrgicht verleſunng
mit dieſen Wortten beſchehen.
Hannß N. hatt auf N tag vor herrn
N alß geſchwornen Schopfen vnnd
deß heyligen Reichs Panrichter hie
zugegen offentlich bekhandt das er
das vnnd das gehandelt hab
Nachuolgend fragt der
Richter einen yeden der zwayer
Schopfen ſo ſein vrgicht im Loch
von Ihm gehört haben Alſo:
Herr N Ich frag euch auf ewern
ayde was euch diſes Armen bekhanter
Vbelthatt halben wißent ſey
Dieſelben Schöpfen ſollen
Vnterſchiedtlich antworten
Herr Richter wie die Vrgicht Jetzo
verleßen Alſo iſt es durch den Armen
nitt allein Im gefängknuß bekandt
Sonder auch frey vnd vngebunden
durch Ihne darauf verharren

fragt der Richter Die
Schöpfen alle nacheinander außer
halb der zwayer so zeugen sein die
nitt gefragt werden sollen.
Dieweil diser gegenwärtig thätter
seiner verhandlung halben zur not
turfft vberwisen ist So frag Ich euch
herr N was derhalben ferner recht
vnd billich sey
Antworten die Schöpfen
Herr Richter Ich erkhenne zu recht das
es billich bey vorgesprochner vrthel
bleiben vnnd der billiche volziehung
beschehen soll
Auf solches soll als dann
der Richter zum Nachrichter diesen
beuelch reden wie hieuor am ende
verzaichnet ist Also:
Nach dem Vrthel vnnd recht geben hat
das dieser gegenwärtiger vbelthätter
mit dem Schwerth mit dem Strang
wie dann die peen in der Vrthel ver
laut vom Leben zum tode gericht
werden soll. So gib Ich dir Nachrichter
an stat Rom Kay M vnnsern
Allergnedigisten herrn vnnd Eines
Erbarn Raths vnnser herrn hiemitt
beuelch vnnd macht die ergangen
Vrthel derselben gestalt zuuolziehen
vnd zuuolstrecken vnuerhindert menig
klichs vnnd ob sich Jemandt vnter-
steen würde daßelb zuuerhindern
daßelb zuuerhindern Oder ob villeicht
dem Maister mißlingen wurde vnd
Jemandt handt an Ihne legen würde der
soll dadurch in ein gleichmeßige straff
gefallen sein

Decretum in Consilio Sabbato
den 17 Marty 1526.

Druck von Leonhard Simion in Berlin.

FSC
www.fsc.org
MIX
Papier | Fördert
gute Waldnutzung
FSC® C083411

Kolibri 360 GmbH
Ferdinand-Jühlke-Straße 7
99095 Erfurt, Deutschland
produktsicherheit@kolibri360.de